Ești un om frumos!
Învață să te iubești.

Monica MIHAI

Ești un om frumos!
Învață să te iubești.

— când iubirea învinge tot —

Bookzone
București, 2020

Descrierea CIP a Bibliotecii Naționale a României

MIHAI, MONICA

Eşti un om frumos! : Învață să te iubeşti /
Monica Mihai. - Bucureşti : Bookzone, 2020

ISBN 978-606-9008-65-2

159.9

Corectura: Violeta Ieremie
DTP: Prosperity Exprim SRL (Felicia Drăgușin)

Contact autoare:
contact.monicamihai@gmail.com
www.femeiacocheta.ro

Grafică de coperta: Maria Stoian

Editura Bookzone
Şoseaua Berceni nr. 104, sector 4 Bucureşti
Comenzi şi informaţii:
Telefon: +40 774 091.579; +40 770 584.429
E-mail: office@bookzone.ro
www.bookzone.ro

Această carte a fost scrisă
în semn de prețuire pentru fiecare femeie
care a iubit mai presus de sine.

Mulțumiri

Doresc să îmi exprim recunoștința și prețuirea față de fiecare femeie care a iubit încă din primele rânduri prima mea carte, *Ești un om frumos! Învață să te iubești.* Datorită lor, am continuat să îmi aștern pe hârtie gândurile de femeie. Și așa a apărut această carte.

Mulțumesc și îi sunt recunoscătoare lui Dumnezeu, pentru că dintre toate viețile pe care putea să mi le ofere, EL mi-a dat-o pe cea mai frumoasă!

Mulțumesc și sunt recunoscătoare pentru iubirea pe care o port în inimă pentru bărbatul meu iubit! Fără această iubire mare, de care azi sunt plină toată, această carte nu ar fi existat.

Mulțumesc și le sunt recunoscătoare părinților mei care s-au dovedit a fi pe întreg parcursul vieții mele adevărate călăuze și exemple!

Mulțumesc și sunt recunoscătoare pen-tru fiecare lecție de viață și pentru fiecare om care a trecut prin viața mea și a lăsat acolo ceva bun și frumos!

Iar, la final, îmi mulțumesc mie, pentru că am avut curajul să mă aleg și să-mi rămân sprijin pentru totdeauna!

Prefață

Sunt multe întrebări în sufletul unei femei care rămân fără răspuns. Şi cele mai multe apar din iubire. Din iubire de sine sau poate că din neiubire de sine. Dar cele mai multe întrebări par să se nască, totuşi, din iubirea pentru el.

Iubirea este sentimentul care are puterea să îţi umple sufletul şi, deopotrivă, să te facă să te simţi mai goală ca niciodată. Asta doar în cazul în care nu ştii cum să o prinzi şi să o închizi definitiv în suflet. Iar apoi să o îmblânzeşti şi să faci din ea prietena ta cea mai bună. Şi comoara cea mai de preţ.

Ești un om frumos! Învață să te iubești. este o poveste de iubire care s-a născut în sufletul unei femei şi care a călătorit mai mult în su-fletul bărbatului ei iubit. Şi pentru că nu şi-a găsit locul în sufletul lui, ea s-a întors acasă în inima femeii pe care a construit-o. Acolo, ea a devenit necondiţionată şi suficientă în-cât să poată umple pentru totdeauna şi su-fletul ei sensibil de femeie, dar şi sufletul lui puternic de bărbat.

Apoi, iubirea adevărată le-a legat sufletele fericite amândurora şi a rămas acolo. Pentru veşnicie. Să demonstreze timpului că ea este mai presus de orice şi că unei iubiri adevărate nu-i poţi pune lacăte, lanţuri sau bariere, pentru că iubirea este însăşi libertate. Pe iubire poţi încerca să o înşeli, să o amă-geşti sau să o minţi, împachetând formalul vieţii cotidiene în lecţii care s-o ţină pe loc.

Dar, mai devreme sau mai târziu, iubi-rea se eliberează şi se întoarce acasă acolo unde este locul ei – în inima femeii care îşi iubeşte bărbatul mai presus de ea însăşi şi în inima bărbatului care îşi iubeşte femeia mai presus de el însuşi.

Iubirea nu stă pe loc decât în inimile în care se simte dorit ă şi aşteptată.

Iubirea rămâne doar acolo unde este preţuită şi unde ea străluceşte ca o piatră preţioasă.

Iubirea este comoara pe care o descoperi în tine atunci când îl iubeşti necondiţionat pe omul tău drag.

Iubirea te învață să devii tot ce odată îți imaginai că poți fi.

Iubirea e EA la sfârşit doar ca să îl lase pe EL s ă îi fie începutul.

Şi, ia zi, singurătate,
ce lecţii vrei tu să mă înveţi
dacă tot eşti aici?

Într-o zi...

Într-o zi, nu ştiu în care, toată durerea asta din mine se va transforma în iubire.

Într-o zi, toate câte le simt acum vor rămâne atât de în urmă, încât voi uita că eu am fost cea care le-a trăit.

Într-o zi, nici măcar nu-mi voi mai aminti că într-o marţi după-amiază am rămas fără aer şi m-am pierdut în mine.

Într-o zi, nimic nu o să se mai măsoare în tine. Şi nici în mine. Ci doar în noi.

Într-o zi, bărbatul vieţii mele mă va ţine mândru de mână şi îmi va câştiga toate războaiele din suflet. Da, bărbate, tu eşti acela!

Într-o zi, bărbatul meu îmi va şterge lacrimile cu buzele lui de bărbat puternic.

Într-o zi, tot el îmi va spune că rămâne.

De tot.

Într-o zi, eu îi voi purta numele ca pe cel mai de preţ diamant. Îl voi purta în fiecare parte din mine. Nu doar pe deget.

Într-o zi, fiecare cuvânt pe care l-am scris astăzi îmi va deveni o poveste frumoasă. Povestea vieţii mele.

Într-o zi, tot ceea ce azi îmi pare atât de departe îmi va deveni parte din mine.

Atunci voi ști că am devenit suficient de pregătită ca să mă bucur din plin de tot ce am visat.

Iubeşte-mă ca-n prima zi
Cu ochii tăi albaştri
Eu te iubesc şi în poezii
Doar ți-am promis că o să scriu, mai ştii?

PARTEA I

Căutarea

Cum să te vrea cineva când
tu singură nu te vrei?
El de ce să facă asta?

1

Iubirea nu stă pe loc decât
în inimile în care se simte
dorită şi aşteptată.

A fost odată o zi

Azi e ziua în care am ridicat capul din pământ şi mi-am privit imaginea din oglindă. Azi e prima dată când mă simt femeie şi când tot corpul îmi este inundat de o fericire de nedescris. Nu ştiu de unde a început şi cum de astăzi eu cea de ieri mă văd atât de frumoasă. Eu cea care m-am văzut atât de mică într-o lume plină de oameni mari.

Eu cea care am fugit de mine şi m-am ascuns mereu în ceilalţi. Pentru că acolo, în ei, nu era vorba despre mine. Eu n-am ştiut nimic despre mine până când viaţa nu m-a legat de mâini şi de picioare şi m-a trântit cu forţa la pământ singură, în lipsa lui, cel pe care simţeam că îl iubesc din prima zi.

Ce bine că sunt Femeie!

Am strigat cu voce atât de tare, încât, cel mai probabil, m-au auzit şi cele mai întunecate părţi care se ascundeau încă în mine.

O bucurie atât de mare îmi izvora din suflet, continuu, atât de intens, încât îmi priveam fiecare bucată din mine şi, pentru prima dată, simţeam iubire, respect şi preţuire. Pentru mine, cea care le-am dus pe toate cu capul sus şi cu inima bună. Şi, de cele mai multe ori, cu lacrimi în ochi. De neputinţă. De a-mi fi mie suficientă. Sau pe cine minţeam eu, de fapt? De a-i fi lui suficientă. Pentru că pe atunci, demult, totul se măsura în el.

Într-o zi, nu știu în care,
toată durerea asta din mine
se va transforma în iubire.

Dar azi era altfel. Azi era prima dată când totul era diferit.

Am fugit repede în living. Tălpile mele goale atingeau atât de hotărâte fiecare treaptă, iar părul lung şi blond îmi mângâia chipul plin de fericire. Am pus ambele mâini peste pianul plin de praf, am tras aer în piept şi mi-am auzit inima cum bătea repede. Am ţipat tare în toată casa goală:

Mamă, m-am întors!
Și, de data asta, rămân.
Uite ce femeie frumoasă am devenit!

Am deschis larg ferestrele şi am simţit mirosul de primăvară şi adierea vântului care acum îmi era prieten şi care nu mai era obligat să-mi şteargă doar lacrimile şi neputinţa din suflet. O făcuse atât amar de timp.

Cât timp a trecut oare?
Câți ani am uitat de mine?
Câtă viață a trecut pe lângă mine?

Mă simţeam trezită dintr-un vis urât în care am stat prizonieră atât de mult timp, încât parcă mai trăisem o viaţă paralelă. Şi acum mă întorsesem la mine, cea pe care o lăsasem în urmă fără niciun fel de regret, prea ocupată să jertfesc neputinţa şi suferinţa. Pentru alţii.

Îmi aminteam de mine ca de o femeie bătrână ajunsă în ultima ei zi de viaţă. Plină de regrete şi de frustrare. Că nu a făcut mai mult. Că nu a putut mai mult. Că nu a ştiut mai mult. Simţeam milă pentru mine şi orice încercam să îmi amintesc despre mine, cea de altădată, părea departe. Atât de departe, că îmi era imposibil să mai ajung acolo. Sau poate nu mai voiam să o fac!

Unde sunt?

M-am uitat cu atenţie în jur şi casa îmi era atât de străină, de parcă acum o vedeam pentru prima dată. Florile din vaza preferată erau acum uscate şi petalele erau peste tot, căzute pe marginea de canapea pe care obişnuiam să citesc. Şi să scriu. Alături, oglinda în care îmi mângâiam tenul tânăr în fiecare dimineaţă căzuse şi ea cu faţa în jos. Sau oare într-un acces de furie eu aşa? Dezamăgită de imaginea pe care atunci o reflectam în ea?

Am deschis sertarele şi pretutindeni timpul se oprise. Toate păreau aşezate la locul lor, într-o ordine perfectă, deranjant de perfectă, aşa cum îmi ziceau mai toţi prietenii. În şifonier, rochiile. Alături, patofii stiletto erau aşezaţi după culoare. În cutii.

Am tresărit. Totul arăta de parcă altă femeie trăise în acest loc. Părea o femeie tânără, dar cu un suflet mult prea bătrân şi încercat de viaţă. M-am oprit şi, pentru o clipă, toţi anii mi-au trecut prin faţa ochilor. Revedeam fiecare moment, fiecare experienţă, fiecare lacrimă care atunci m-a pus la pământ.

Revedeam atât de clar momentele cu mine căzută pe podeaua atât de rece, desculţă şi cu o agendă plină de visuri în care îmi amintesc că mi-am pus bucăţi din mine. Bucăţi din viaţă. Din viaţa pe care abia aşteptam să o trăiesc. Dar care se lăsa aşteptată şi mă făcea să gândesc că poate nu merit, că poate nu-s încă suficient de bună sau destul de pregătită.

Doamne, eu am fost femeia asta!?

Şi un sentiment de frică s-a instalat imediat în fiecare colţ din mine. Teama că aş fi putut să rămân acolo, prizonieră, în punctul ăla de viaţă. Şi asta să fie tot. Teama că aş fi putut să rămân învinsă de durerea pe care m-am chinuit să o transform în putere. Teama că nu aş fi putut să mai ajung în ziua în care să privesc cu iubire către femeile care azi simt la fel cum am simţit eu atunci. Şi să le spun în cuvinte simple că acolo nu este capătul. Acolo este, de fapt, începutul! Începutul drumului frumos către sine şi către viaţa adevărată şi împlinită. Cea trăită în satisfacţie şi iubire.

Mi-am privit în suflet şi nici n-a mai fost nevoie să petrec mult timp ca să îmi găsesc răspunsuri care se lăsau greu aşteptate. Atunci mi-am dat seama ce femeie am devenit în toţi anii ăştia. Cum fiecare lacrimă mi se transformase în resursă. De putere. De frumos. De altfel. Şi toată bucuria asta voiam să o ofer mai departe şi lor, femeilor care au fost şi poate încă sunt ca mine.

Gata! M-am întors!
Și, de data asta, rămân!

În clipa aceea, cu oglinda pe jumătate spartă, mi-am văzut pentru prima dată ridurile şi am început să le ating timid. Mâna mea se temea să nu facă ceva greşit şi parcă mie îmi era frică de ceea ce aveam să descopăr.

Oare când a fost ultima zi în care fața mi-a râs de fericire?
Oare tristețea și lacrimile au adus cu ele urmele de timp?

Mă priveam uimită şi era linişte în mine. Nu îmi mai auzeam nici măcar vocea care, în ultima perioadă, doar mă certa şi ţipa să îmi revin. Am ridicat ochii din pământ şi mi-am cuprins faţa cu ambele mâini. Ele îmi erau atât aspre, dar gingăşia nu părea să fi plecat vreodată de acolo. Tot corpul îmi era cuprins de o emoţie pe care nu o mai simţisem până atunci. Pe care aveam să aflu că o cheamă *iubirea de sine.*

Ştii, fiecare rid spune o poveste! Povestea devenirii tale. Cu fiecare rid, tu te apropii

sau te îndepărtezi de tine, femeia care ai putea fi dacă ai începe să te iei în serios. A răsunat tare în toată încăperea în care începuse deja să se simtă răcoarea serii.

Cine vorbeşte? Cine e aici? M-am întors speriată şi gata să înfrunt pe oricine ar fi încercat să mă condamne pentru felul în care am ales cu bună ştiinţă să îmi trăiesc viaţa. De fapt, mai bine zis, să nu mi-o mai trăiesc.

Nu era nimeni, nu vorbea nimeni şi totul fusese numai în imaginaţia mea. De altfel, atât de naivă să cred că ar putea să vrea cineva să îşi petreacă timpul în compania mea la cât de prietenă cu drama devenisem! Femeia din viitor, care mă aştepta cu nerăbdare să îi îmbrac forma, încerca să mă trezească din gândurile în care nici nu mai avea rost să îmi petrec timpul. Fusesem prea mult timp doar o urmă de femeie. Doar o urmă de mine.

Era marţi ora 13.00. Ai zice că toate s-au aliniat să îmi stea în cale, dar, paradoxal, cifra 13 mi-a fost mereu norocoasă. Sau poate că aşa am ales eu să îi dau semnificaţie, pentru că el mi-a spus că mă iubeşte într-o zi de 13. Dar ce rost mai avea el în povestea asta? Aşa că mi-am scos din dulap prima rochie pe care am găsit-o şi am îmbrăcat-o repede ca nu cumva cineva să mă surprindă cu trupul dezgolit.

Nici măcar eu nu mai ştiam cum arată trupul meu, aşa că m-am grăbit să îl acopăr. Nu mă simţeam încă îndeajuns de pregătită să îmi privesc fiecare centimetru de piele. O făcuse el înaintea mea şi nu părea să îi fi plăcut atât de mult. Sau nu suficient de mult încât să rămână. De tot.

Rochia îmi era acum mare, semn că am slăbit. Dar chiar şi aşa, croiala ei şi roşul intens încă îmi scoteau frumos formele în evidenţă. Mi-am desprins părul şi am zâmbit în timp ce îmi încălţam pantofii bej preferaţi, rămaşi aruncaţi în faţa oglinzii. Acum eram cu 13 cm mai aproape de fericire. Şi, cu toate încercările mele, ea tot părea să se lase încă greu de atins.

E uimitor cum, deşi eram aceeaşi, mă uitam curioasă la femeia care devenisem şi nu ştiam de unde să încep să mă descopăr. Îmi venea să mă întreb ce-mi place, ce nu-mi place şi cum vreau să îmi petrec următorii ani din viaţă. Să îmi răspund rapid în trei fraze şi apoi să ne apucăm de treabă. Simţeam atât de multă viaţă că îmi curge prin vene, încât îmi venea să ies pe stradă şi să strig în gura mare că de astăzi e despre mine. Dar chiar şi aşa, oricum nu era despre ceilalţi, ci doar despre mine. Pe cine ar fi interesat că o femeie cu părul despletit într-o rochie cu aproape două mărimi mai mari își strigă sieși declarații de independență?

Am tras aer în piept şi mi-am îndreptat postura. Şi am început să păşesc mai sigură ca niciodată cu capul sus şi cu zâmbet de femeie înțeleaptă. Mi-am amintit în timp ce îmi unduiam corpul, fascinată de grația pe care o descopeream în mine, că acum ceva vreme, obişnuiam să îmi scriu gândurile într-un jurnal de femeie. O făceam de fiecare dată atunci când sufletul își cerea dreptul la replică şi avea nevoia de validare şi de a fi recunoscut.

Oare ce am scris ultima dată în jurnal?

Am tras sertarul şi am început să răscolesc printre hârtiile cu planuri, proiecte, schițe... şi l-am găsit! Ahhh ! Ce emoții şi cât de tare îmi bătea inima! Acum aveam să aflu ce am scris ultima dată şi ce s-a întâmplat cu mine, de fapt, în toți anii în care nu m-am trăit pe mine.
Marți, 13 aprilie, ora 13.00

Am căzut într-o prăpastie adâncă din care îmi este greu să mă ridic. Privesc neputincioasă la mine şi nu mă mai recunosc. Nu ştiu cine sunt şi nimic nu mă mai face fericită. Totul pare atât de confuz și parcă altcineva îmi trăiește viața.

Dacă este ceva ce îmi doresc acum, acel lucru ar fi să mă trezesc din acest vis în care am uitat să mă trăiesc pe mine. Nu mai am putere nici măcar să respir și totul mă doare tare în lipsa lui. Cu fiecare bătaie a inimii, simt cum mi se desprind bucăți din suflet. Și eu nu vreau asta. Pentru că ar însemna să îl pierd de tot. Și el doar în suflet mi-a mai rămas. Aș vrea să-mi pot opri lacrimile pentru că nu fac decât să îmi șteargă și ultimele urme de el.

Mă simt atât de goală, încât aud ecoul vocii mele stinse care refuză să renunțe. Și cu ultimele puteri de viață, îmi răsună în fiecare colț de mine:

Te rog, mai iubește-mă ca în prima zi!

O lacrimă a început să îmi curgă pe obraz fără să îmi ceară voie. I se părea așa de cunoscut drumul, încât părea naturalul ei. Priveam la dată și nu îmi venea să cred, tot marți și tot 13.

Oare câți ani erau între același 13?
Și ce s-a întâmplat cu mine după ce am scris asta?
Cum de nu îmi mai amintesc nimic, că doar în tot acest timp eu am trăit?

M-am aşezat jos, direct pe podeaua pe care m-am aşezat de multe ori atunci când viaţa avea grijă să mă îngenuncheze. Şi am început să răsfoiesc jurnalul meu. Atâtea obiective, atâtea planuri, atâtea vieţi construite acolo! Şi tot atâtea lacrimi şi tot atâta neputinţă de a le face să prindă contur. Atunci mi-am dat seama că viaţa îmi dăduse o lecţie pe care aveam să aflu că o cheamă ACCEPTARE. Ştii, atunci când aveam impresia că mai este puţin şi de acolo începe să fie şi despre fericirea mea, parcă atunci apărea ceva, cineva care să-mi spună:

Hei, unde te grăbești?
Nu ești încă suficient de bună, nu știi încă să treci prin asta!
Mai învață și ai răbdare!
Că viața nu e numai despre tine.

Printre lacrimi, gânduri şi foi aruncate, am auzit soneria. Am fugit şi atunci când am deschis uşa, erai tu. Atunci ţi-am văzut pentru prima dată lacrimile în ochi şi tăcerea dintre noi începuse să ţipe atât de tare. M-ai luat de mână şi mi-ai spus că niciodată nimic nu o să fie mai presus de iubirea asta. Îmi amintesc că lacrimile îmi inundau faţa şi încercam să-ţi spun că te iubesc şi că mi-aş dori doar să rămâi în cel mai frumos prezent, în fiecare zi a vieţii mele. Să îmi rămâi curajos, puternic, mândru aşa cum te simţeam atunci când îţi povesteam despre planurile mele. Despre planurile noastre.

Atunci m-am văzut pentru prima dată în tine. Mi-am văzut ochii, mi-am simţit fiecare bucată de suflet, m-am trăit în fiecare respiraţie de-a ta. Am simţit că tu eşti cea mai bună parte din mine, partea mea frumoasă. Dar am înţeles şi că încă nu venise vremea. Mai aveam multe de învăţat, multe de trăit, multe lecţii pe care să le transform în poveşti de viaţă pentru mine şi pentru fata noastră pe care amândoi visam să o avem. Pentru ca atunci când va fi ca ea să vină şi noi să-i fim părinţi, să-i privesc ochii albaştri şi să-i spun, atunci când ea va putea înţelege despre iubire, că:

Iubirea are ochi albaștri și poartă
numele tău.

Mi-am amintit de mama şi am deschis întâmplător cartea pe care mi-o scrisese ca să-mi fie mai uşor în momentele în care am să simt că nu mai pot. Şi cuvintele ei mi-au răsunat în fiecare colţ de mine:

Atunci când ai obosit să cauți în jurul tău,
întoarce-te la tine și dă sens și vieții tale!

Şi da, acum eram mare, eram o femeie cu experienţă pregătită să înfrunt viaţa şi pe oricine ar fi putut să îmi iasă în cale în drumul meu spre fericire. Şi totuşi ceva din mine lipsea, nu eram completă şi încă îmi mai era frică. Încă mai erau multe zile în care fugeam de lume şi mă ascundeam în mine. Acolo, departe de zgomot, în liniştea din mine, unde mă simţeam în siguranţă şi unde tot pe tine te căutam şi te aşteptam.

Apoi îmi aminteam de mama care îmi spunea mereu atunci când mă vedea tristă că iubirea înseamnă libertate şi să nu mă tem niciodată. Că dacă locul tău este lângă mine, tu ai să vii fără ca eu să ţi-o cer, fără ca eu să fac ceva supranatural. Ai să vii pentru că, în toată libertatea, tu ai să simţi şi ai să ştii că eu sunt femeia aia care şi-ar da bucăţi din suflet ca ţie să îţi fie bine şi uşor.

Dar nu, nu o pot face. Şi aşa am învăţat cum e cu neputinţa. Sentimentul ăla care îţi arată cât este de mic într-o lume mult prea mare. Senzaţia aia în care, deşi îţi priveşti aripile şi te pregăteşti de zbor, nu-i încă vremea ta. Mai ai multe de învăţat jos la sol. Ca să poţi vedea altfel lumea de sus şi pe tine cea care ai fost odată.

Într-o zi, tot ceea ce azi îmi pare atât de departe îmi va deveni parte din mine.

Pierdută în gândurile mele, aproape de mine, dar departe de tine, nu ştiu când, dar te-am văzut rămas în uşă. Încercam să-mi aduc aminte cât timp trecuse de când te ştiam, de când ochii mei te-au văzut pentru prima dată întâmplător. Ziua aia în care, deşi nu ştiam mai nimic unul despre celălalt, am simţit că tu eşti bărbatul vieţii mele şi că pentru tine aş putea să-mi pun toată lumea în cap şi tot n-ar fi prea greu. Ziua aia de septembrie în care am învăţat să iubesc pentru prima dată.

Dar acum eram în altă lume, atât de departe de cum credeam atunci că o să fie. Tu ai plecat, iar eu am închis uşa după tine şi, în acelaşi timp, am închis uşa în mine. Nu ai ştiut niciodată, dar de fiecare dată atunci când pleci, parcă iei şi ceva din mine cu tine, şi cu fiecare plecare a ta, eu rămân mai mică şi mai goală.

Şi tot atunci îmi amintesc de mama care îmi spunea că atunci când oamenii aleg să plece din viaţa mea, nu-i obligatoriu să o facă cu bucăţi din mine. Că trebuie să fiu egoistă şi să mă aleg doar pe mine. Ehhh! În cazul tău, n-am putut să fiu aşa. Mi-a fost drag să plec cu tine, câte o bucată, pentru că aşa am simţit că mă iei cu tine. Deşi acum înţeleg că tot ce ai vrut să mă înveţi a fost cum să trăiesc singură, fericită şi împlinită în lipsa ta.

Am vorbit de atâtea ori cu tine în suflet, ţi-am făcut atâtea promisiuni, am jucat atâtea roluri, am trăit în atâtea vieţi împreună, încât atunci când mă trezeam la realitate, mă gândeam că poate-s egoistă să mai vreau şi în partea asta de viaţă să fiu fericită. Că doar la cum te trăiesc eu în suflet, e suficient, nu?

Cum să vreau mai mult de atât?
Dar degeaba îmi plâng acum în suflet.
Tu nu mai ești. M-ai lăsat singură.

Şi îmi pare greu să pot fi eu în lipsa ta. Nimic nu mai are valoare şi nu-mi mai trebuie nimic. Nu mă pot bucura de nimic din ce am, pentru că pe toate le-am construit cu tine în minte alături. Mă chinuiesc să rămân demnă, dar ce e demnitatea în faţa iubirii? Trag de mine să găsesc o urmă de putere şi să devin femeia care probabil ţi-ar plăcea să fiu.

Dar pe cine mint eu, de fapt, aa?! Femeia care mi-aş dori şi eu să devin. Dar nu ştiu cum. Mă uit la mine în oglindă şi tot rimelul este acum întins pe faţa mea. Cică rezistent la apă! Cum să reziste cineva la atâtea lacrimi care par că-s scăpate dintr-un izvor nesecat de neputinţă?

Abia reuşesc să-mi privesc ochii albaştri. Şi-au pierdut strălucirea, şi eu am devenit ştearsă odată cu ei. E atâta neclintire în toată viaţa din mine, încât inima e singura pe care o mai simt în mişcare. Şi ea cred că bate totuşi din reflex ca să-mi amintească faptul că nu-s singură şi că mai este multă viaţă de trăit. Închid ochii şi pentru câteva secunde îmi imaginez că apari în spatele meu şi mă săruţi pe gât aşa cum obişnuiai să o faci de fiecare dată atunci când mă ajutai să îmi dezbrac una dintre rochiile preferate. Aproape că simt mâna ta de bărbat puternic şi o clipă totul pare atât de real. E uimitor cum şi în lipsa ta eu sunt plină de tine şi, deşi nu eşti aici, eşti.

Ahhh, dacă aş putea acum să te întorc din drumul tău şi să-ţi pot arăta cumva cum simt eu pentru tine! Dacă ar exista un aparat de măsură care să indice dragostea mea pentru tine şi tu să poţi să vezi cu ochii tăi asta! Dacă ai mai fi acum aici pentru doar câteva minute să îţi spun privindu-te direct în suflet:

Iubeşte-mă ca în prima zi!

Sunt atâtea trăiri în sufletul unei femei
Că n-ar ajunge-n mii de cărți să fie scrise
Şi sunt tot atâtea trăiri în sufletul unei femei
Ce se pierd toate şi rămân în gânduri
şi cuvinte nescrise.

Ce e iubirea când eşti plină tu de ea,
Dar se amestecă cu dorul şi cu suferința?
Cum poți să te mai bucuri tu de ea,
Când toate se măsoară-n neputință?

Priveşti în sufletul tău gol
Şi strigi, ba chiar implori, să vezi o cale,
Rămâi privind tăcută-n gol
Când nicio speranță nu-ți mai iese-n zare.

Şi stai căzută-n genunchii tăi goi,
Pe podeaua udă de-ale tale lacrimi,
Când tu voiai doar ca tu să fie NOI,
Dar n-a trecut încă vremea cea de patimi.

*De ce cauți compania altcuiva?
Chiar așa o companie proastă ești tu pentru tine, încât nu te suporți și vrei să fugi de tine?*

2

Cât timp a trecut oare?
Câți ani am uitat de mine?
Câtă viață a trecut
pe lângă mine?

Când m-am făcut mică, viața m-a făcut mare

„Când iubești, descoperi în tine o nebănuită bogăție de tandrețe și duioșie și nici nu-ți vine să crezi că ești în stare de o astfel de dragoste."

(A. P.Cehov)

Ce multe au fost dăţile când se făcea linişte în mine! Şi uneori mă speriam tare pentru că nu auzeam nici măcar un gând, o emoţie. Orice care să mă facă să tresar. Era atâta neclintire, încât rămâneam încremenită, priveam spre mine şi mă întrebam: dacă mama ar fi fost acum aici, ce mi-ar fi spus să fac? Cum ar fi făcut ea, o femeie înţeleaptă care le-a dus pe toate cu o inimă bună şi cu zâmbet de femeie care a reuşit?

Am deschis cartea ei. Sunt lângă pian. Şi îi mângâi uşor cana. Mirosul ei încă-i aici. Şi vorbele ei sunt. Doar ea nu este. Dar sunt eu, şi ea continuă să fie prin mine. Acum eu sunt femeia care era ea şi eu trebuie să fiu, la rândul meu, mare şi înţeleaptă.

Ahh, dar dacă-ţi spun, mama, că încă-s momente când nu mă descurc? Că-s încă multe zile în care mă simt mică şi mi-e frică? Oare şi tu simţeai aşa? Oare şi la tine în suflet a fost aşa cum e la mine acum? Şi dacă a fost la fel, în ce fel ai făcut tu, mama, să nu se vadă niciodată în afară că nu eşti suficientă?

Cum reuşeai tu să faci să pară că totul e simplu? Cum puteai doar tu cu o vorbă să îmi schimbi întreaga lume? Cum doar tu ştiai să pui cuvântul ăla potrivit pe buzele mele? Cum doar ochii tăi mă vedeau perfectă, deşi acum, rămasă singură, îmi iau fiecare imperfecţiune în braţe? Şi câte sunt, mama!

Cât sunt de imperfectă în lipsa ta! Şi în lipsa lui. Doar ochii tăi au avut mereu grijă să mă facă să mă văd specială. Şi acum se presupune că aşa ar trebui să ştiu să fac şi eu cu mine, nu? Să pot, ca prin minune, să mă privesc prin ochii tăi sau prin ochii omului meu drag şi să mă văd aşa cum vedeam mereu şi îmi plăcea mult de tot – frumoasă! M-am obişnuit atât de mult să primesc validare şi apreciere, încât acum, când am rămas singură, nu ştiu să mă descurc cu mine. Îmi par atât de complicată. Oare tu cum reuşeai să mă vezi simplă? Dar el? El cum a putut să iubească o femeie care nici măcar nu-i în stare să se iubească puţin pe sine?

Mai ştii, mama, când te-am întrebat ce e iubirea şi o secundă te-ai blocat? Şi nu pentru că nu ai fi ştiut ce să-mi răspunzi, ci pentru ai fi ştiut să-mi spui prea multe. Că doar iubirea e atât dc complexă, de multă, de bogată, încât ea nu încape în definiţii, ci doar în suflete de oameni. Și alea-s nemărginite. M-am îndrăgostit, mama, şi am rămas aşa! Şi sufletul meu e plin de el şi îl iubesc ca-n prima zi. Şi de-ar fi acum aici, i-aş spune doar atât:

Iubește-mă ca în prima zi!

Nu mi-ar mai trebui nimic şi aş fi cea mai bogată femeie. Bogată de el. Bogată de noi. Ahhhh, oare ce vrea iubirea asta să mă înveţe şi de ce tot nu mă crede că-s pregătită? De ce mă tot testează şi nicio notă nu-i suficientă ca să trec mai departe testul ăsta al vieţii?

Mama, tu mi-ai spus că în ziua în care nu o să mă mai împotrivesc şi o să accept viaţa aşa cum e, când o să învăţ că totu-i curgere şi mişcare, atunci minunea o să se întâmple. Exact când mă aştept mai puţin. Şi câtă dreptate ai avut! După ce am făcut cunoştinţă cu smerenia şi m-am făcut mică, viaţa m-a făcut mare.

Am fost atât de mică, încât nu mă mai găseam nici măcar eu în propriul meu suflet. Şi deşi atât de mult loc liber era în mine, nu era loc de nicio respiraţie în plus. Şi poate că aşa era mai bine. Oricum pe atunci mă durea fiecare gură de aer şi fiecare clipit din gene. Mă durea orice părea să aibă viaţă, pentru că atunci pentru mine viaţa se măsura în iubirea mea pentru el. A lui pentru mine nu părea să mai fie.

Poate şi pentru că el iubea diferit, aşa cum eu nu ştiam să o fac pe atunci. Şi deşi mi-a promis că nu o să-mi dea drumul niciodată şi o să mă ţină de mână şi deşi mi-am jurat şi eu că o să-l prind dacă el o s-o facă, acum eram prea slăbită ca să mă mai pot ţine chiar şi pe mine de mână. În braţe nu mai zic.

Într-o zi, toate câte le simt acum
vor rămâne atât de în urmă,
încât voi uita că eu am fost
cea care le-a trăit.

Dacă eu nu reuşeam să mă descurc nici măcar în propria mea viaţă care era mică, cum oare să visez să mă cuprindă cineva în viaţa lui care îmi părea atât de mare şi de frumoasă? Ba chiar erau momente când îmi era ruşine doar de faptul că mi-am permis să visez atât de sus şi să cred că merit o viaţă frumoasă.

Când am acceptat că sunt mică şi mi-a fost totuna, fără să vreau şi fără să cer cuiva ceva, nici măcar mie însămi, am simţit cum în minte începe să crească o altă femeie. Ca un fluture care îşi părăseşte coconul şi este pregătit să-şi deschidă aripile şi să zboare într-o lume nouă şi necunoscută. Aşa mă simţeam eu atunci. Îmi creşteau aripi frumos colorate şi mă construiam pas cu pas dinspre interior spre exterior. Aşteptam cu nerăbdare ziua în care mă voi simţi cu adevărat pregătită să mă scot prin lume şi să mă plimb singură mândră şi bine cu mine.

Atunci când m-am făcut mică, viaţa m-a făcut mare. Atât de mare, încât nici nu puteam să gândesc că poate să existe măreţie într-o viaţă de om. Dar până acolo, au fost multe de dus. Şi pe toate le-am dus singură cu capul sus şi cu o inimă bună. A meritat. Pentru că, în toate căutările mele, tot îmi răsună mereu în mine:

> Iubirea are ochi albaștri. Și numele tău.
> Și în fiecare zi o să scriu o pagină de carte
> din fiecare emoție pe care o simt acum,
> și ea va deveni povestea vieții mele.

Cu cât am fugit mai departe de mine, cu atât am putut să mă văd mai bine cu ochii unui străin. Şi, de multe ori, oamenii care nu te cunosc te judecă mai aspru prin prisma propriilor lor filtre. M-am biciut, m-am chinuit, am pus presiune pe mine, m-am certat, m-am pedepsit şi după ce m-am săturat să fac asta, mi s-a făcut milă de mine şi mi-am dat voie să revin către femeia neajutorată care eram atunci.

Şi să-mi dau o şansă. Să fiu măcar curioasă să văd dacă poate ieşi ceva bun din mine. Nu erau decât două variante: să am dreptate sau să mă înşel. Dar oricare ar fi fost sfârşitul, merita să mă abandonez pe drumul căutării de sine.

În fiecare moment în care viaţa m-a pus jos, şi au fost multe aşa momente, mă consolam spunându-mi că oricât de greu îmi pare a fi acum acest moment, uneori este nevoie să priveşti viaţa din mai multe unghiuri. Aş fi preferat să mă pot ridica, să zbor şi să mă privesc de sus, de acolo de unde simţeam că este locul meu. Dar eram mult prea mică şi nu mai aveam de mult aripi. Mi le tăiasem singură cu fiecare zi în care uitasem să mă preţuiesc. Şi mă speria mai tare gândul că nici nu o să-mi mai crească altele.

Sau dacă, totuși, o să-mi mai crească alte aripi, o să mai pot să zbor?
Oare mai știu cum se face asta?
Dacă am să cad și am să mă dezamăgesc încă o dată?

Când ai căzut şi ai rămas fără aripi, chiar şi atunci când vezi că încep să îţi crească altele noi şi frumos colorate, în loc să priveşti către ele cu speranţa unui nou început, mai tare ţi se face frică să nu greşeşti din nou şi să suferi iar. Şi, poate de data asta, durerea să fie şi mai mare. Pentru că se adaugă la toate câte le-ai simţit şi până atunci.

Şi cu fiecare dată când priveşti speriată spre aripile tale noi, eşti tot mai confuză pentru că nu ştii cum ar fi mai bine. Să rişti sau să alegi siguranţa. Aia falsă în care, deşi totul te doare, măcar ştii acest tip de durere. Sau poate să rişti? Şi să cunoşti o durere nouă? Şi dacă totuşi nu o să cazi?

Sau dacă o să cazi, poate că nu o să te doară, pentru că o să te prindă cineva? Poate chiar el? Sau poate chiar o să te prinzi tu singură?

Atunci când m-am făcut mică, viaţa m-a făcut mare. Dar, înainte de asta, au fost multe dăţi în care m-am dezamăgit pe mine însămi. Atunci am aflat că doare mai tare să te dezamăgeşti tu decât cel mai drag om pe lumea asta. Şi tot atunci am aflat că este mai uşor să-i ierţi celuilalt cel mai mare păcat decât să-ţi ierţi ţie chiar şi un ton nepotrivit.

Dacă aş fi ştiut de la început cum să nu las toate aceste dezamăgiri să îmi sape răni adânci în suflet! Oare cum ar fi fost? Nu ar mai fi fost nevoie să caut tratamente care să-mi vindece cicatricile. Şi ce greu s-au lăsat unele vindecate! Altele au vrut un preţ atât de mare, încât am dat la schimb nopţi nedormite, lacrimi, gânduri negre, neputinţă, frustrare. Însă chiar şi atunci mi-am iubit viaţa din mine. E uimitor cum, deşi pe mine nu mă iubeam deloc, iubeam urma de viaţă pe care încă o simţeam în mine şi în tot ce mă înconjura.

Îmi amintesc de o dimineaţă în care mă plimbam singură pe o alee dintr-un parc care îmi era drag pe atunci. În acea zi, natura mi-a dat o lecţie despre măreţie pe care mi-am pus-o bine de tot în traista cu valori morale ca nu cumva s-o uit vreodată.

În timp ce păşeam tristă pe alee, cu ochii înecaţi în lacrimi, priveam mai mult din reflex decât din curiozitate sau admiraţie către natura din jurul meu. Firele de iarbă, copacii, totul îmi părea că-i neclintit. Acolo, aveam impresia că totul stă. Că nu-i mişcare în nimic şi că eu sunt singura care deranjează o linişte deplină. Dar totuşi, în toată acea neclintire, era atât de multă viaţă! Însă ea era, pur şi simplu, fără zgomot.

Iar în mine? Eu, cea care aveam o viaţă, încercam să par perfectă, dar în mine abia dacă se auzea o inimă veche şi o respiraţie bătrână. Atunci a fost pentru prima dată când m-am întrebat dacă nu cumva mi-ar fi fost mai bine şi aş fi fost mai fericită dacă mi-aş fi mutat toată viaţa în interior, iar în exterior să las liniştea să mă definească! Să permit acţiunilor mele să aibă ultimul cuvânt de spus, şi vorbele să atârne mai puţin. Să fac mai mult şi să promit mai puţin! Să trăiesc şi să fac mai puţin zgomot. Nu pentru el, ci pentru mine.

Aşa că mi-a fost clar şi nu m-am mai împotrivit atunci când mă gândeam la el şi la faptul că alesese să plece.

Cum să îşi fi dorit să mă aibă alături când eu nu mă doream deloc pe mine?

Cum să poată el să aşeze în mine dorinţa pentru amândoi, şi eu să ştiu să o păstrez acolo? Când dorinţa e atât de specifică unei femei.

Dorinţa, acea emoţie care face o femeie să fie vie şi să înflorească. O femeie care trăieşte în dorinţă poate să facă un parteneriat bun pe termen lung cu **verbul a vrea**.

Câtă diferenţă între **îmi doresc** şi **am nevoie!** Şi cât de aproape eram eu de nevoie şi cât de departe de dorinţă! Ai zice că-i acelaşi lucru, însă nevoia vine la pachet cu o emoţie negativă şi, de cele mai multe ori, ea are ton de disperare. Ea doar vrea de la celălalt, ea doar cere, ea doar lasă locuri libere. Şi în urma ei, fără doar şi poate, rămân, de cele mai multe ori, nemulţumirea şi nefericirea.

În schimb, dorinţa este cea care vine la braţul emoţiei pozitive şi introduce în scenă iubirea. Iubire de sine şi apoi, fără pic de efort, aproape venită din reflex, autentică, şi iubirea pentru celălalt. Tonul dorinţei este calm, cald şi sigur. Iar dorinţa, spre deosebire de nevoie, ea oferă şi umple toate spaţiile cu iubire fără să aştepte nimic în schimb, fără să vrea nimic de la celălalt. În urma ei, ea lasă, aproape fără excepţie, fericire şi împlinire. De sine.

O voce însă refuză să se dea bătută şi strigă în mine după tine:

Iubeşte-mă ca în prima zi!

Mi-ai spus să te țin ascuns în suflet
Să nu te mai găsească nimeni.
Mi-ai spus s-alung din mine totul
Şi să mă fac plină de tine.

Am închis uşile toate,
M-am zăvorât pe dinăuntru
Şi am sperat că poate
Ai să rămâi tu înăuntru.

M-am scos pe mine toată afară
Ca să rămână loc de tine,
Şi te priveam aşa-ntr-o doară
Cum ştii să fii şi fără mine.

Şi cum să faci ca totul să nu se mai măsoare în el când iubirea pentru el ți-a devenit unitate de măsură preferată?

3

Doamne, eu am fost femeia asta!?

Oamenii fac locurile să fie mai frumoase

„Iubirea nu e doar un zâmbet, nu e doar o floare, iubirea e un suflet rănit și apoi vindecat de altul."

(Octavian Paler)

Nu mi-am găsit de la început locul şi m-am căutat în multe lumi. Şi peste tot pe unde mergeam, parcă tot nu era suficient. Am înţeles târziu că, de fapt, pe tine te-aş fi vrut acolo să-mi întregeşti mintea şi trupul. Pentru că totul părea mai uşor cu tine de mână.

Cum să-i spun sufletului că nu se poate
când el nu înțelege reguli?

Cum să-i spun iubirii să aibă răbdare?
Când iubirea însăși e nerăbdare?
Cum să-i cer eu inimii mele să stea în loc până rezolvăm noi, oamenii mari, situațiile din jurul nostru?
Cum să mă împrietenesc cu singurătatea și să fac din ea arma mea cea mai prețioasă?
Oare știi câtă viață e între două răspunsuri?
Și câte lupte se dau între granițele acceptării și împotrivirii?
Știi cum e să te iei în brațe singură după fiecare piedică pe care viața ți-o pune în numele iubirii?

Şi de fiecare dată, cu lacrimi pe obraz, să-i faci loc speranţei printre durerea care îţi invadează tot sufletul! Să dai la o parte cu mâna ta firavă de femeie fiecare durere în parte, să te obligi să nu te opreşti şi să mai poţi un pas, o suflare, o clipă de viaţă. Şi, printre atâtea, să-ţi obligi mintea şi inima să stea aliniate la fel şi să facă echipă bună. Pentru că vrei să ajungi în locul unde simţi că este locul tău. La braţul bărbatului tău. Şi, cu el de mână, să simţi că poţi cuceri întreaga lume. Cu el alături să construieşti imperii de iubire.

Iubirea aduce mereu oamenii împreună, mai devreme sau mai târziu, îmi spuneam mereu.

Printre toate trăirile vieţii, oamenii se caută unii pe alţii. Unii se găsesc mai devreme şi pare să fie totul uşor, alţii se găsesc mai târziu, când deja sunt în situaţii grele şi viaţa-i obligă să le înfrunte. Însă, oricum ar fi, iubirea nu lasă niciodată spaţii goale. Pentru că iubirea înseamnă plin, e tot, e întreg perfect.

Și te întreb: în numele acestei iubiri, pe care o simți în fiecare colț de tine, ce ai face tu?
Care ar fi limita ta?
Cât ai accepta și cât ți-ar părea absurd?
Care ar fi atunci granița dintre compromis și normalitate?
Ce ar însemna atunci normalitatea?
Când simți iubirea aia pe care ai construit-o în suflet în toate trăirile tale de femeie?
Nu ai înfrunta toate bătăliile și le-ai câștiga pe toate?
Nu ți-ai plânge doar în suflet și în afară ai avea pregătite toate scuturile ca să încasezi toate loviturile?
Și, indiferent de etichetele celor din jurul tău, tu ți-ai scrie cu iubire eticheta ta preferată – eu sunt suficientă!

De orice poți să te temi, dar de iubire niciodată.

Încrede-te în iubire! Și în inima ta!
Și, oricât de greu îți pare, tu încrede-te
în viață!

Îmi repetam asta în fiecare zi a vieţii mele ca pe un exerciţiu. Dacă mersul pe bicicletă sa învaţă, atunci se învaţă şi asta. Şi se învaţă orice. Şi eu voiam să mă învăţ fericită în lipsa ta. Pentru că, deşi simţeam în fiecare colţ de mine că tu ai să te întorci, eu nu aveam altă variantă decât să fiu bine. Nu îmi mai permiteam luxul să trăiesc nefericită nici măcar o zi, pentru că o făceam cu preţul sănătăţii mele. Şi asta aveam să aflu că este importantă şi că e responsabilitatea mea.

Când m-am trezit singură, în lipsa ta, parcă eram piesa aia cu un colţ lipsă dintr-un joc de puzzle. Oriunde mă aşezam, nu mă potriveam nicicum, pentru că oricum aş fi făcut-o, tot mai rămânea un pic de loc. De tine. Dar tu nu mai erai acolo, aşa că locul a rămas mereu gol. Şi oricât am încercat să-l umplu şi să compensez, golul tău a rămas neschimbat.

Într-o zi, nici măcar nu-mi voi mai aminti
că într-o marți după-amiază am rămas
fără aer
și m-am pierdut în mine.

Atunci am aflat că oamenii fac locurile să fie mai frumoase. Iar locul unde eram eu avea un gol de tine, şi eu nu îl puteam face să devină un loc mai frumos, pentru că eu nu eram încă suficient de frumoasă. Sau nu ştiam încă asta despre mine atunci. Ştiam în continuare, în schimb, să te chem pe tine şi să visez la ziua în care ai să te întorci, iar în fiecare noapte când vorbeam cu tine, îţi spuneam cu lacrimi în ochi:

Iubește-mă ca în prima zi!

Iar tu nu auzeai mesajul meu. El nu ajungea la tine, deşi eu îmi doream asta foarte mult. Şi, vezi tu, deşi te chemam la mine în suflet, ţie încă părea să-ţi fie mai bine în locul tău, acolo unde eu încă nu aveam acces. Dar era dreptul tău să te alegi pc tinc, chiar dacă asta însemna fără mine.

În locurile unde mă ducea viaţa, pentru că trebuia să ajung, şi nu pentru că aş fi vrut să fiu acolo, mă simţeam în plus, deşi eram singură şi pustiită. Şi chiar şi cel mai frumos loc îmi părea urât şi fără valoare doar pentru că tu nu erai acolo. Nu ştiam să mă bucur de nimic din jurul meu şi eram, de cele mai multe ori, o companie proastă pentru oricine se nimerea în intimitatea mea. Nu permiteam multor oameni să aibă acces la mine, însă cei care ajungeau să fie acolo se săturau rapid de faţa mea tristă, plânsă şi veşnic nemulţumită. Căutam drama şi suferinţa chiar şi acolo unde nu erau. Aveam grijă să le construiesc eu şi nu-mi trebuia mare lucru. Am devenit expertă în a construi negativul din puţin.

Am înţeles că felul în care vedeam eu locurile nu era influenţat decât de starea mea sufletească.

Cum să văd eu un câmp de maci înfloriți
când filtrele mele sunt pline de praf și de
cenușă?
Cum să pot deosebi roșul lor intens de
griul meu?

Este atât de uimitor cum în acelaşi loc tu, acelaşi om, poţi să ai stări diferite. O dată să fii foarte fericit, iar altă dată să îţi plângă sufletul şi să te doară tot corpul. De fiecare dată când paşii mă purtau în locurile în care obişnuiam să fim noi doi, îmi era greu să îmi explic cum de, în lipsa ta, locurile în care am fost atât de fericită nu mă mai bucurau, ba, din contră, mă făceau să plâng şi să sufăr.

Cum este posibil ca într-un loc în care ai simţit că pluteşti de fericire cu el alături, în lipsa lui, să îţi pară o povară şi să simţi, pur şi simplu, cum acea fericire uşoară ia brusc forma unui nor de plumb care îţi atârnă atât de greu în suflet, de parcă ar vrea să te doboare şi să rămâi căzută la pământ pentru totdeauna?

Oamenii fac locurile să fie mai frumoase.
Și dacă încă văd toate locurile urâte, înseamnă că eu încă nu am devenit un om frumos, nu-i așa? Dar mi-e dor tare de tine și doare tare lipsa ta.
Ce mult mi-aș dori să fii aici și să-ți pot spune:
Mai iubește-mă ca în prima zi! Măcar o clipă!

M-am măsurat de mii de ori prin tine
Te-am construit în mintea mea frumos
Visam să te măsori şi tu prin mine,
Dar am cerut prea mult şi ce folos?!

M-am oglindit în multe dăţi în tine
Şi am sperat, am implorat să mă cunosc
Să nu mai fug în nicio zi de mine
Şi să învăţ să mă recunosc.

Pierdută iar şi iar sub măşti străine,
Mă ascundeam să nu dezamăgesc
În toate însă ştiu... mă căutam mine
Şi aş fi dat orice să mă-ntâlnesc.

Am stat o clipă cu privirea rece
Şi inima mi s-a oprit
Şi mă-ntrebam: oare mai trece?
Şi repetam atunci: oare mai pot?

4

Gata! M-am întors!
Şi, de data asta, rămân!

Despre iubire în lipsa lui

„Este atât de scurtă dragostea și este atât de lungă uitarea."

(Pablo Neruda)

Mi-a fost şi mi-e frică de singurătate. Am fugit de ea şi o ştiam mai mult de prin cărţi. Mai toată lumea care o ştia deja o lăuda că, deşi vine cu durerea şi cu suferinţa la pachet, ea aduce şi cele mai valoroase lecţii de viaţă şi, odată cu ele, începe, de fapt, adevărata viaţă frumoasă. O vedeam de departe pe la prietene, pe la rude, prin diverse cercuri sociale.

Nu părea să fie atât de valoroasă din exterior. Pe cât de lăudată era, pe atât de neatractivă îmi părea. Aşa că o evitam şi fugeam de ea. Mă complăceam în bucăţi de viaţă măruntă, minţindu-mă că este destul ce am şi ce simt. Îmi era frică să visez mai mult, să îmi doresc mai mult, cel mai probabil din faptul că nu credeam despre mine la vremea aia că-s vreo valoroasă.

Până în ziua în care te-am întâlnit pe tine, atât de întâmplător, încât m-am blocat şi nu am ştiut cum să reacţionez. Aşa că am făcut-o cum mă pricepeam eu cel mai bine. Mi-am scos din buzunar masca de femeie puternică şi m-am îmbrăcat în costumul indiferenţei. Când la mine în suflet se făcuse atât de cald, încât emoţiile şi cuvintele îmi ieşeau singure la suprafaţă. Acum ştiu de ce. Voiau ele să-ţi arate tot ce eu nu mai eram în stare.

În ziua în care te-am întâlnit prima dată, am rămas fără aer. Pentru că tu, bărbatul pe care îl construisem în agende de obiective, chiar existai şi părea să fii mai mult decât puteam eu să merit. În acelaşi timp, bucuria că erai real şi atât de aproape de mine se împletea cu teama că poate nu am să-ţi par suficient de bună încât să-ţi atrag atenţia.

Totul la tine îmi părea la superlativ. Iar eu mă făceam din ce în ce mai mică. Fără să îmi propun şi, deşi chiar îmi impuneam să nu o fac, îţi priveam continuu ochii şi zâmbeam. Aşa cum zâmbesc oamenii îndrăgostiţi şi fâstâciţi la început. Şi tot aşa cum o fac şi peste ani şi ani atunci când alături e omul pe care îl iubesc mai presus de începuturi.

Atunci când m-ai luat prima dată de mână, am simţit că tot ceea ce admiram la tine era deja în mine. Şi, din acel moment, în care tu mi-ai intrat în suflet, acolo s-a făcut linişte şi ordine. În câteva secunde, tu ai reuşit să aşezi ce eu nu am reuşit ani buni înainte. Toţi anii mei. Şi erau destui.

Se zice că atunci când îţi întâlneşti perechea, simţi asta pur şi simplu, mai presus de orice alt indicator. Inima îţi bate mai repede şi strigă mai tare ca niciodată: asta e! Rămasă în faţa ta fără replică, am coborât adânc în mine hotărâtă să mă întorc de acolo pregătită să merg mai departe în viaţa mea fără tine. Dar n-am putut. Nu ştiu cum, prin ce fel, dar atunci când mi-am coborât în suflet, tu deja erai acolo. Şi atunci am ştiut că nu o să mai pleci niciodată. Pentru că locul tău este acolo. Şi nu m-am înşelat. Prin toate câte au fost de atunci, tu ai rămas neclintit. Acolo. În mine. Să-mi umpli toate spaţiile de tine şi eu să fiu plină de tine. Atât de completă, încât să nu mai fie loc de nimeni. Încât să nu las niciodată un altul să-mi şteargă urmele de tine. Şi cât aş fi vrut şi tu să simţi la fel!

Naivo, unde te grăbești să crezi că meriți
ca totul să fie așa ușor?
Ce proastă ești să cazi atât de repede în
capcana iubirii!

Era vocea interioară care mai mereu îşi anunţa prezenţa când, în sfârşit, se făcea linişte şi în mine. Deşi cuvintele îmi sunau clar şi maxim de dur, refuzam să le cred şi să le transform în convingeri. Păream nebună pentru oricine mi-ar fi auzit povestea, însă în lumea mea interioară eu mă proclamam regină în propriul meu regat. Acolo, departe de tot şi toate, în sufletul meu unde nu ştiam decât eu care mi-e adevărul, îmi construiam propriile reguli ca să fiu fericită.

N-ai să fii niciodată fericită! striga tare în
mine rațiunea.
Ba am să fiu cea mai fericită! Pentru că
merit! răspundea ca din reflex inima.

Iar eu le priveam detaşată pe amândouă şi treceam când de partea uneia, când trişam şi schimbam tabăra. Şi cel mai ciudă îmi era că mintea şi cu inima nu reuşeau să ajungă la un compromis şi să facă o echipă puternică pe termen lung. Iar eu, cea care eram atunci, fie mă transformam într-o fetiţă emotivă şi prea empatică, aproape victimă şi soră cu drama (când inima era cea care punea stăpânire pe idealurile mele), fie treceam în extrema amazoanei, gata de luptă în orice moment pentru apărarea propriilor orgolii şi răni adânci. Pentru că, deşi tu nu eşti fericită, nu-ţi dai uşor nefericirea. E tot ce ştii tu mai bine despre tine. E identitatea ta.

> Ce să mai spui tu lumii despre tine atunci când nu mai ești nefericită?
> Cine să te mai compătimească și să-ți ofere atenție când tu doar așa știi să o ceri?

Ce nu ştiam atunci, şi am aflat privind în urmă, era că în toată această luptă dintre extremele emotivă-amazoană se construia femeia care am devenit azi. Femeia la care altădată doar visam ca la un ideal greu de atins.

> Și cine poate să te învețe mai bine despre tine dacă nu chiar tu însăți?
> Și nu că-i mai ușor când oamenii pe care-i vrei cel mai tare lângă tine pleacă și te lasă singură?
> Nu simți cum golul din tine se adâncește și în tot spațiul ăla nou creat ai atât de mult timp și loc să te cauți și să te găsești tot pe tine?

Dar ce faci atunci când orice drum tot în sufletul lui ajunge?
Când, oricum ai calcula și oricât te-ai împotrivi, iubirea ta pură de femeie tot în calea lui te scoate?
Cum să îi ceri tu inimii tale de femeie să devină ca inima lui de bărbat și să bată palma scurt la o bere într-o înțelegere pe care tu ți-ai imaginat-o altfel?
Cum să dai la o parte tot ce simți pentru el ca să îți faci loc ție? Deoarece pare că de amândoi nu-i încă loc și vreme.
Și cum să faci ca totul să nu se mai măsoare în el când iubirea pentru el ți-a devenit unitate de măsură preferată?

N-aş fi crezut că o să învăţ despre iubire în lipsa lui fără ca el să fie lângă mine. De fapt, nu aş fi crezut vreodată că iubirea se învaţă. Mă gândeam în mintea mea de copilă că iubirea, atunci când este, vine de la sine, se aşază între doi oameni pe care ea îi alege la întâmplare şi îi leagă într-o poveste frumoasă de iubire până la adânci bătrâneţi. Femeia zâmbeşte şi este frumoasă, iar bărbatul este puternic şi curajos, îi oferă ei un inel, numele lui şi toate se construiesc după aceea, împreună ţinându-se de mână. Realitatea pe care aveam să o trăiesc avea să-mi arate că mă înşel.

Ce farmec ar fi avut să fie totul chiar atât de simplu? Pentru că, în acest caz, nici ea şi nici el nu ar fi ştiut cum să îşi ofere iubire în aşa fel încât ea să fie suficientă şi să nu se termine niciodată.

Cum poţi să îi oferi celuilalt iubire când la tine în suflet e gol şi o permanentă nevoie de atenţie şi de afecţiune din partea lui?

Într-o zi, nimic nu o să se mai măsoare
în tine.
Și nici în mine.
Ci doar în noi.

Iubirea pe care ştiam eu să o simt şi să o ofer la începuturi, atunci când îl întâlnisem pe el, nu îşi avea izvorul în mine, ci într-un permanent şir de nevoi. Iubeam la pachet cu nevoia de a cere şi mereu parcă nu era destul şi suficient. Pentru că totul se raporta la exterior şi de interior nu se ocupa nimeni. Pentru că eu credeam că asta e treaba lui. Dacă mă iubeşte, trebuie să mă facă şi fericită, nu?

Mă dezvoltam şi îmi trăiam pe atunci viaţa în raport cu el, în funcţie de el şi totul se învârtea în jurul lui. Şi nici măcar nu îmi cerea asta. Ba, mai mult, nici nu-i plăcea. Iar în dăţile când îmi cerea să fiu independentă, să mă iubesc pe mine şi să mă pun pe primul loc, simţeam că e egoist, că nu-i pasă suficient de mine şi că îi sunt indiferentă. Gândeam pe atunci că este imposibil să mă pun eu pe locul 1 când locul ăsta e ocupat de el, pentru că lui am vrut să-i dau premiul cel mare. De parcă nu pot fi două podiumuri şi două locuri 1!

Mă excludeam singură din viaţa mea când el încerca matur să-mi transmită să rămân şi eu acolo. Iubirea pentru mine înseamnă că Eu=NOI, mă identificam şi eram una cu relaţia. Probabil fascinată de noul rol şi de importanţa pe care acesta mă făcea să o simt. Eram cineva! Aveam o relaţie şi o iubire. În exterior, ca în mine, golul se adâncea şi mai tare. Şi nici măcar nu o făceam conştient şi îmi era imposibil să înţeleg care-i sursa nefericirii mele. Că doar iubirea nu se explică, nu? Ea se simte şi atât.

Eram atât de imatură emoţional, încât nu ştiam decât să-mi direcţionez toate acţiunile către el, şi nu către mine. Mi se părea pe atunci dovadă de egoism să mă ocup de mine, şi nu de el. Aveam atâta iubire în suflet, încât simţeam nevoia să îi arăt mereu asta sub cele mai nepotrivite forme care mai mereu se îmbrăcau în haine de disperare. Eu nu aveam pe atunci preţ în ochii mei. El însă avea. Era tot.

Şi în loc să-mi pun în suflet iubire pentru mine, eu îmi puneam teama că el o să plece. Că o să mă părăsească şi eu nu o să mă mai simt utilă. Că doar el este cel valoros, şi nu eu. Şi uite aşa, cu fiecare zi în care eu nu am ştiut să mă iubesc pe mine, nu am făcut decât să adâncesc distanţa dintre noi. Şi dacă pe el îl păstram pe locul 1 pe podiumul vieţii mele, pe mine m-am aşezat la baza lui, aproape intrată în pământ şi suficient de departe, încât el nici nu mă mai vedea.

M-am făcut mică în ochii lui cu bună ştiinţă. Şi el nici măcar nu îmi ceruse vreodată asta. De fapt, nu îmi ceruse niciodată nimic. El doar ştia să îmi ofere. Tot. Şi o făcea într-un mod liber şi frumos pe care eu îl înţelegeam atunci în naivitatea mea ca fiind dezinteres. Când tot ce el îşi dorea pe atunci era ca eu să fiu fericită. Şi cu el de mână, dar, mai presus de asta, să ştiu şi să pot să fiu fericită în lipsa lui.

El aducea iubire în relaţie, iar eu o consumam fără să pun alta la loc. Fără măcar să ofer ceva la schimb. Ceva bun, pozitiv. Contaminam totul cu suferinţă, cu dramă şi cu negativ. Pentru că eu asta ştiam autentic să fiu, o victimă. Pentru că eu aşa ştiam că înseamnă iubirea şi atenţia. Trebuie să ai o problemă ca să primeşti ca remediu validarea şi recunoaşterea.

Cum să o primești de la celălalt așa, pur
și simplu?
Fără să plângi?
Fără să te doară ceva?
Poți să primești ceva fără să ceri?
Trebuie să ceri dacă vrei să primești ceva!
Trebuie să meriți și să fii suficient de
bună ca să primești ceva!
Iar eu nu credeam încă despre mine că
merit. Deși el o clipă nu se îndoise de asta.

Aveam în permanenţă nevoia să iau, să cer, să mă încarc fără să ştiu cum să fac asta singură în sinea mea. Fiecare zi pe atunci era o luptă pe care credeam că o duc în numele iubirii. Când iubirea nu-i nici sacrificiu şi nici război. Dar asta aveam să aflu mai târziu după ce aveam să-mi duc singură toate războaiele din suflet. Şi să le câştig.

Eram mai mereu agitată, neliniştită şi îmi făceam o mie de planuri şi filme. Toate proaste şi toate cu subiect principal – drama. Mă transformam în fiecare zi, cu bună ştiinţă, într-o umbră a tot ce aş fi putut fi. Îmi miroseau hainele a suferinţă şi a vechi. Iar pielea se grăbea să îmbătrânească pentru a se asorta cu acest peisaj gri.

Când am devenit așa nici nu știu!

Cine m-a făcut să fiu așa, în afară de propria mea alegere? Nimeni.

Până în ziua în care, în lipsa lui, a trebuit să învăţ din nou să trăiesc şi să mă readuc la viaţă. M-am sinucis cu bună ştiinţă în numele iubirii fără să fie nevoie, fără ca el să mi-o ceară. Pentru că, în adâncul sufletului meu, tot aşteptam să fiu salvată în ultimul ceas. Orice acţiune sau chiar şi cel mai mic gest era cu subînţeles şi aşteptam ca el să vină şi să mă ia pe braţele lui puternice.

Mă credeam prinţesă, dar el nu era prinţ. Pentru că nu îşi dorea să devină unul, un simplu amator care să joace într-un scenariu atât de ieftin şi de prost precum acela pe care îl construisem eu în viaţa noastră. El merita mai mult, aşa că nu s-a complăcut şi s-a ales pe sine. Iar pe mine m-a lăsat să-mi joc cu succes drama până când n-am mai avut replică, personaje şi nici măcar scenă.

Şi atunci, în singurătatea aia deplină, o femeie vie, dar moartă în interior, rămasă doar eu cu mine, nu am avut de ales decât varianta să mă întorc la mine. Paradoxal, acum eram fix în locul potrivit de unde nu mai aveam cum să fug nici dacă aş fi vrut asta. Acum eram fix în sufletul meu, în cel mai adânc şi întunecat punct al fiinţei mele. Iar de aici ştiam că începe călătoria spre noua femeie pe care aveam să o construiesc.

Era întuneric în mine. Şi foarte frig. Nu-mi amintesc să fi simţit vreodată o senzaţie asemănătoare. Atunci mi-a fost momentul cel mai greu. Şi în care sufletul m-a durut cel mai tare. Atât de tare, încât să fie suficient ca eu să mă ridic din propria-mi cenuşă în care îmi ardeam viaţa şi să mă construiesc aşa cum ştiam că merit să devin.

Mi-am aprins o urmă de lumină în suflet şi atunci inima a început din nou să-mi bată. Iar mie nu îmi mai era frică. Pentru că mai rău decât fusesem în urmă cu câteva clipe nu mai avea ce să fie.

> Atunci când ajungi față în față cu cenușa din tine și atunci când te murdărești toată de ea, crezi că îți mai poate părea vreodată ceva greu sau imposibil?

Eu am simţit din plin această cenuşă. Îi ştiam şi mirosul, şi gustul. Pentru că eu am creat-o. Şi de aici, din punctul unde odată mi se terminase viaţa, acum începea o alta pe care aveam de gând să o trăiesc din plin. Cu iubire pentru mine. Mi-am amintit de tine, dar fără să renunţ la mine şi aproape din reflex mi-am auzit noua voce spunând:

Iubeşte-mă ca în prima zi! Eu o s-o fac!

Ştii, eu cea mai frumoasă mă văd cu ochii tăi,
Mă fac mică şi mă aşez la tine-n brațe
M-alint, mă joc şi râd apoi
De mine. De noi doi.
Mă crezi?

Cum să dai la o parte tot ce simți pentru el ca să îți faci loc ție? Deoarece pare că de amândoi nu-i încă loc și vreme.

5

Oare când a fost ultima zi în care fața mi-a râs de fericire?

Când te saturi de neputinţă, se satură şi ea de tine

„Iubirea fuge ca o umbră de adevărata iubire care o urmărește: urmărind-o pe cea care fuge de ea și fugind de cea care o urmărește."

(William Shakespeare)

Dacă ai putea să te întorci în momentele de suferinţă şi de neputinţă şi să te ajuţi mai repede, ce ţi-ai şopti atunci când ţi-ai întinde o mână ţie, celei căzute pe podea? mă întrebă o prietenă atunci când îi povesteam cum a fost viaţa mea în urmă cu doi ani. I-am răspuns că atunci când mi-aş întinde mie o mână, nu mi-aş şopti, ci aş striga tare ca să-mi ajungă până în suflet:

Ridică-te! Acesta nu e capătul! Tu ești mai mult decât atât!

De altfel, asta este replica pe care am învăţat să o repet până am ajuns să cred în ea atât de tare, încât îmi era singura salvare. Nu ştiam ce o să urmeze, nu aveam niciun plan şi deşi aveam toate motivele să mă dau bătută, refuzam să o fac. M-am construit o învingătoare, după ce viaţa mi-a dat lovituri şi mi-a arătat ce culoare au înfrângerile. Aveau tentă de gri.

Am devenit femeie după ce mi-am ţinut fetiţa interioară în braţe şi m-am săturat de roz. Am ştiut că s-a terminat când a început să îmi placă roşul. Intens. Vezi tu, noi, femeile, avem un talent nativ de a iubi drama. Probabil pentru că şi drama e tot de gen feminin şi, din solidaritate, ne identificăm cu ea şi ne este greu să ne desprindem. În perioada vieţii mele când iubeam drama, şi ea mă iubea pe mine. Şi cred că mult mai mult decât o făceam eu. Avea grijă să îmi ofere numai situaţii în care să fiu victimă şi să îmi plâng de milă.

E mai ușor să dai vina pe alții decât să dai vina pe tine, nu-i așa?

E atât de greu să te priveşti în ochi şi să-ţi spui cu toată asumarea: da, am greşit! Şi vocea să nu-ţi fie critică şi tonul să nu-ţi fie aspru!

Nu-i foarte simplu să fii blândă cu tine, să ai răbdare cu tine şi să te ierţi!

Cu adevărat, şi nu doar prin afirmaţii pozitive. Să simţi că vorba ta bună pe care ţi-ai spus-o ţie s-a dus direct acolo, fix pe rana care refuză să se vindece.

Ce faci atunci când neputința ți se așază stăpână în casă, în viață și în minte?
Cum s-o dai la o parte prin acțiuni și să devii tu iar cea mândră de tine?
Când la îndemână ți-e să plângi și să te așezi jos de ciudă și de durere, plină de DE CE-uri la care nu găsești răspuns?

Am fost acolo şi am stat cât a fost nevoie. Destul. Nu m-am împotrivit şi nici n-am căutat scurtături. Nici nu ştiu, de fapt, dacă am căutat ceva. Ce ştiu însă, cu siguranţă, că a fost salvarea mea a fost ziua în care am decis să mă ridic. Nu se întâmplase nimic care să mă motiveze să fac asta. Eram la fel de nefericită, însă am decis să-mi dau o şansă şi să încerc. Să încerc să încep cu mine. Din ziua aia, toată atenţia mi-am mutat-o asupra propriei mele persoane şi nu mai exista nimeni în afară de mine în viaţa mea. Şi am început să mă port cu mine ca şi cum m-aş purta cu o persoană nouă pe care abia o cunosc, dar de care mă simt atrasă şi maxim de entuziasmată.

E uimitor câte începeam să aflu despre mine acum că mă priveam cu ochi buni şi aveam răbdare cu mine! Timp de un an, fără excepţie, atenţia mi-a fost îndreptată către mine. Într-un an, am reuşit să mă cunosc cât nu o făcusem în 30 de ani. Mi-am notat toate punctele slabe pentru că am decis că puncte slabe sună mai bine decât complexe şi le-am transformat în puncte forte şi resurse de putere. Nici nu aş fi crezut vreodată că aspectele care nu-ţi plac la propria persoană îţi pot deveni chiar aspecte preferate.

M-am aşezat de bună voie sub lupa propriilor mele aşteptări şi m-am luat bucată cu bucată şi m-am construit în aşa fel încât să îmi placă mult de mine. Cel mai mult. Fără să mă mai raportez la nimeni, fără să mă compar şi fără să mai conteze nici o altă părere din jurul meu. Eram eu şi atât. Eram eu faţă în faţă cu mine şi deveneam curioasă de potenţialul pe care voiam să-l descopăr în mine.

Într-o zi, bărbatul vieții mele
mă va ține mândru de mână și

îmi va câștiga toate războaiele din suflet.
Da, bărbate, tu ești acela!

Îmi ziceam în fiecare zi de muncă cu mine că ceva bun tot o să iasă din asta. Mai rău decât am fost nu am cum să mai fiu. Aşa că limita inferioară mi-o ştiam cu ochii închişi. Îmi era sete să-mi aflu şi limita superioară. Şi deşi ea nu părea să existe, aveam destulă dorinţă să o construiesc.

În perioada aia, am descoperit dorinţa şi verbul A VREA. Atât de străine erau de mine ambele, încât atunci când se întâmpla să primesc ceva, în loc să mă simt fericită şi să mulţumesc, mie îmi era ruşine. Credeam despre mine că nu merit nimic şi că nu-s suficient de bună, aşa că fugeam cât puteam de departe de dorinţe şi alegeam să fiu eu cea care oferă. Timp, iubire, cadouri, gânduri, viaţă.

Atunci când tu crezi că nu valorezi
destul, ce crezi că vor crede ceilalți
despre tine?

Încep eu prima. Eu, deşi credeam că nu-s încă suficient de bună ca să merit ceva bun, aşteptam ca el să mă contrazică şi să-mi spună că mă înşel. Că nu este adevărat. Căutam validare şi recunoaştere doar din exterior când în interior lumina era stinsă.

> Cum te poate alimenta cineva din exterior dacă pe suflet tu ți-ai pus un lacăt mare și el nu se poate deschide decât din interior?
> Și tu ești singura care are cheia?
> Există o singură soluție și aia este să cobori în tine și oricât de frică ți-ar fi de întuneric, să pășești încet și să cauți cheia care poate să-ți elibereze sufletul. Nu știe nimeni unde este și doar tu ai acces la ea.

Mi-am căutat propria cheie luni bune. Aşa de bine era ascunsă, că am bâjbâit prin mine şi am răscolit tot. Tot. Şi nici urmă de ea. Cum aş fi putut să o găsesc uşor când peste ea erau aşezate straturi nenumărate de mocirlă şi de gunoaie pe care, cu bună ştiinţă, mi le-am adunat în suflet? Fiecare experienţă şi om toxic care mi-au trecut prin viaţă au avut grijă să aducă cu ele şi propriul noroi pe care eu l-am primit naivă fără să ştiu că mă murdăresc şi îmi pierd unicitatea. Am permis să se depoziteze în mine ce alţii nu mai voiau în vieţile lor.

Atunci când am început să dau strat după strat la o parte şi să arunc ce nu-i al meu, mi-am privit mâinile murdare şi mi-am promis că nimeni niciodată nu o să-mi mai intre acolo decât dacă-i dau eu voie. Că eu stau la uşa sufletului meu, cu cheia în mână, şi decid ce intră şi ce nu. Şi în timp ce îmi făceam curat şi îmi căutam cheia, deşi murdară şi cu ochii plânşi, în mine se năştea o forţă pe care nu am mai simţit-o până atunci.

Începeam să învăţ stângace despre propriile reguli şi despre autocontrol. Mă simţeam în siguranţă, pentru că acum ştiam că depinde doar de mine ce culoare are sufletul meu. În clipa în care am dat tot gunoiul afară din mine şi am găsit cheia, ea stătea lipită chiar de inima mea. Nici nu m-aş fi gândit vreodată să o caut acolo.

> Cine-și mai amintește de inimă când ea doar doare?
> Atunci când te doare ceva, vrei doar să scapi de durere, și nu să o îmbrățișezi și să te doară în continuare, nu-i așa?

Aşa mă durea pe mine inima atunci şi aş fi dat-o la schimb pe linişte şi simplitate. Eu aş fi dat-o. Ea însă nu ar fi plecat.

Am desprins uşor cheia de pe inimă cu teama parcă să nu stric ceva, deşi, paradoxal, ce aş fi putut să-i fac mai rău unei inimi care deja era rănită?

Am băgat cheia în lacăt şi aproape instant el s-a deschis şi mi-a alunecat din mâini, în propriul suflet, alături de ultimele resturi de noroi care mai erau de aruncat. Am rămas înlemnită în faţa mea şi doar simţeam. Mă simţeam pe mine. Îmi simţeam sufletul uşurat şi inima cum bătea mai tare ca niciodată. Dispăruse durerea şi, odată cu ea, şi eu cea veche şi murdară.

Lacrimi jucăuşe mi-au inundat imediat faţa şi atunci am înţeles că am devenit liberă. Şi în toată libertatea pe care o simţeam acum din plin, începea călătoria în care eu, la sfârşit, trebuia să devin eroina propriei mele vieţi. Părea însă mult până atunci, aşa că am oftat puţin cu gândul încă la tine şi am zis:

Iubeşte-mă tu ca în prima zi! Eu am uitat.

Cu capul răvăşit de-atâta plâns,
Tu te ridici uşor de jos şi taci,
Ţi-e dor de tine, ţi-e dor de-al tău râs.
Aşa că, de mâine, n-ai de ales şi începi să te prefaci.

Că viaţa nu se mai măsoară-n el,
Nici în aşteptări şi nici în deziluzii,
Ci doar în tine, cea ieri devenită EL.
Ci doar în tine, cea azi rămasă plină tot de EL.

6

Ştii, fiecare rid spune
o poveste!
Povestea devenirii tale.
Cu fiecare rid, tu te apropii
sau te îndepărtezi de tine,
femeia care ai putea fi dacă
ai începe să te iei în serios.

Nu-i putere mai mare pe lumea asta ca puterea pe care o are o femeie singură

„În iubire ne gustăm, ne savurăm pe noi înșine, ne încântăm cu voluptățile tremurului nostru erotic, din acest motiv, iubirea este cu atât mai intensă și mai profundă, cu cât distanța de persoană iubită e mai mare."

(Emil Cioran)

În prag de sărbători, peste tot pe unde mă purtau pașii, femeile păreau să aibă o familie, un iubit, un partener. Eu eram singură. Şi cel mai singură îmi eram nu în casă, ci în suflet.

Şi deşi îmi spuneam înainte să ies din casă aceeaşi poveste frumoasă, trăiesc în prezent, aici şi acum, puterea acestei afirmaţii părea să pălească atunci când mă trezeam în afara zonei mele de confort faţă în faţă cu tot ce mi-aş fi dorit şi eu din tot sufletul – pe bărbatul meu drag alături. Am plâns printre multe raioane pline cu decoraţiuni în timp ce pe fundal se auzeau colinde.

Peste tot părea să fie fericire, numai la mine în suflet nu era. Am fost în multe situaţii singură, iar în jurul meu toate femeile erau însoţite. La început, mă simţeam stingherită şi deşi în afară îmi jucam rolul de femeie care se simte bine în pielea ei, fetiţa din mine plângea. Tare de tot, încât uneori începea să plângă şi femeia care eram.

Am cunoscut singurătatea în toate formele ei.

Am urât-o tare, pentru că era egoistă şi nu mă ura şi ea.

Am ţinut singurătatea în braţe şi în suflet, strâns, până m-am umplut de mine.

Până în ziua în care mi-am spus cu lacrimi în ochi, aproape ţipat:

De ce cauți compania altcuiva?

Chiar așa o companie proastă ești tu pentru tine, încât nu te suporți și vrei să fugi de tine?
Cum să te vrea cineva când tu singură nu te vrei?
El de ce să facă asta?

Mi-am repetat întrebările până când răspunsurile nu au mai stat ascunse.

M-am privit în oglindă până când nu mi-a mai fost ruşine, până când nu am mai simţit niciun complex, până m-am vindecat de dorinţa de a renunţa la singurătate.

Am deschis braţele şi am îmbrăţişat singurătatea şi i-am propus să facem o echipă pe termen lung. Ba chiar am râs, mi-am pus un pahar cu vin, alb demisec, şi i-am propus să-l împărţim amândouă. I-am spus că o ştiu atât de bine, ca pe mine însămi, şi că nu trebuie să se simtă nicicum intimidată. Să-şi dea voie să fie autentică, relaxată, aşa cum şi eu îmi doream să devin:

Și, ia zi, singurătate, ce lecții vrei tu să mă înveți dacă tot ești aici?

Din seara aia, singurătatea a plecat şi nu s-a mai întors. Nu ştiu ce a speriat-o şi de ce nu a vrut să mai rămână. Am înţeles doar după ceva timp că îmi devenisem atât de suficientă, încât şi cea mai mică urmă de singurătate s-ar fi simţit în plus.

Şi aşa am învăţat că singurătatea este cea mai mare dovadă de putere pentru o femeie. Dacă o accepţi, dacă te împrieteneşti cu ea şi vezi ce are ea de oferit, puterea ta interioară devine mai indestructibilă ca niciodată. Şi să ştii că singurătatea nu are o ofertă prea bogată atunci când o accepţi şi te aşezi la masă faţă în faţă cu ea. Îşi termină repede cărţile şi dispare fără urmă. Dar, fără excepţie, ea lasă în urma sa numai femei remarcabile.

Chiar, tu în ce relaţie eşti cu singurătatea?

Dacă aş putea da acum timpul înapoi, aş preţui mai mult fiecare mesaj pe care singurătatea încerca disperată să mă facă să-l înţeleg. Dar eu eram mult prea preocupată de lumea din exterior şi fugeam de lumea minunată din mine. În suflet parcă totul era mic, întunecat, iar adevăratele comori stăteau ascunse în lumea care mă înconjura. Mă raportam la totul din jurul meu, mă comparam, puneam presiune pe mine şi veşnic eram nemulţumită şi neliniştită.

Când tot ce m-ar fi ajutat să fac ar fi fost să mă opresc şi să mă odihnesc. Să respir adânc, să mă privesc detaşat şi să mă bucur de mine. Aşa imperfectă cum mă vedeam, meritam totuşi din cele 24 de ore de nemulţumire într-una singură să fiu mulţumită.

Aşa am început transformarea mea. Îmi amintesc că era într-o seară de joi, februarie, când m-am aşezat la birou şi am scos agenda de obiective. Am căutat o pagină liberă şi am scris mare cu majuscule:

Obiectivul meu principal sunt EU.

Şi am continuat:

Avem o femeie nefericită şi nemulţumită şi nu există altă variantă de a deveni fericită decât cu mijloace care ţin în exclusivitate de ea! Nu este nimeni responsabil să facă această femeie fericită, ci responsabilitatea îi revine în totalitate ei.

M-am uitat la fraza scrisă aproape în ciudă în agendă, cu o furie pe mine cum nu am mai simţit până atunci.

Şi după ce m-am certat pentru ultima dată şi mi-am luat adio de la vocea critică, am decis că a venit vremea să mă apuc de treabă şi să construiesc o versiune a mea de care să mă bucur şi de care să fiu mândră. Eu şi atât.

Toată viața să îmi ia, dar până nu termin toată treaba pe care o am de dus cu mine, nu mă las!

M-am scuturat de toate problemele care mi s-au aşezat pe umeri şi am dezbrăcat hainele de victimă. Nu am mai pus nimic pe mine, că totul era vechi şi nu mi se mai potrivea.

Şi aşa a început cu câteva întrebări simple:

Ce anume mă nemulțumește?
Ce m-ar face fericită?
Ce pot îmbunătăți la mine?
Ce simt că îmi lipsește și, dacă aș avea, aș fi cu adevărat împlinită și bine cu mine?

Ultima întrebare am simţit-o ca un cuţit înfipt fix în inimă. Atunci a fost momentul în care am avut o revelaţie că toată viaţa mea de până atunci a fost aşa **din cauza** mea. Şi că acum depindea doar de mine să trăiesc în continuare o viaţă minunată **datorită** mie. Mi-am făcut o listă cu tot ce îmi doream să fac şi să devin, fără să mă gândesc cât costă sau cât timp înseamnă fiecare activitate. Mi-am dat voie să visez mare şi mi-am imaginat că dacă viaţa ar depinde numai de mine şi dacă aş avea şi bani, şi timp, cum mi-ar plăcea mie să fiu eu? Ce mai am concret de făcut ca să fiu cu un pas mai aproape de mine cea fericită?

Într-o zi, bărbatul meu
îmi va șterge lacrimile
cu buzele lui de bărbat puternic.

Lista mea avea 12 activităţi şi, când priveam spre ele, nu-mi venea să cred că între mine cea frustrată din prezent şi între mine cea fericită din viitor stau doar 12 chestii mărunte pe care le pot face uşor şi care depind în totalitate de mine.

Douăsprezece rânduri dintr-o agendă însemnau ca eu să fiu fericită şi împlinită.

Mă uitam la agendă şi parcă nu îmi venea să cred că doar asta-i tot.

Cu drama și cu suferința cum rămâne?
Și eu cui mă mai plâng?
Adică, dacă mă apuc și rezolv cele
12 puncte, pe mine nu mă mai salvează
nimeni?
Păi, și el unde este în povestea asta?

Dar el nu era în povestea mea cu 12 puncte şi nici nu avea de ce să fie acolo. El îşi era în propria-i poveste. Şi iar viaţa parcă voia să îmi mai dea două palme dure peste faţă şi îmi spunea aproape sarcastic:

Ce treabă are el cu complexele și frustrările tale, fato?

Chiar aşa, ce treabă să aibă?

Joia aceea a fost începutul şi chiar din seara aia am bifat primul punct. Să citesc în fiecare seară ceva ce-mi place şi să-mi scriu gândurile de femeie şi pe foaie, nu doar în suflet. Şi apoi să mă uit detaşat la mine şi să mă înţeleg şi să mă cunosc mai bine în aşa fel încât, în momentul în care viaţa mă va mai aduce în situaţii similare, eu să ştiu să fiu mai bine cu mine. Pentru prima dată am adormit liniştită, dar nu puteam să mă desprind de amintirea ta, aşa că mi-am mai şoptit în suflet, încet de tot, cât să nu mă aud nici măcar eu:

Iubeşte-mă ca în prima zi! Mi-e dor de tine!

Timp,
Ai zis că eşti de partea mea,
Că-s fată bună şi că merit,
Dar m-ai trântit jos pe podea
Pentru că eu m-am nimerit
Să stau dreaptă în fața ta.
Să te înfrunt şi să te cert,
Speram atunci că va conta,
Visam să-mi fie viața un concert.

PARTEA a II-a

Regăsirea

Dar ce faci atunci
când orice drum tot
în sufletul lui ajunge?
Când, oricum ai calcula
şi oricât te-ai împotrivi,
iubirea ta pură de femeie tot
în calea lui te scoate?

7

Hei, unde te grăbeşti?
Nu eşti încă suficient
de bună, nu ştii încă
să treci prin asta!
Mai învață şi ai răbdare!
Că viața nu e numai
despre tine.

Cum m-am construit să-mi placă de mine

„Să fii iubit de cineva îţi dă putere, iar să iubeşti pe cineva îţi dă curaj."

(Lao Tzu)

Atunci când viaţa m-a obligat să rămân cu mine, nu am avut de ales şi m-am luat bucată cu bucată să mă construiesc singură, aşa cum universul nu binevoise să o facă. Probabil, considerase că mă descurc mai bine, că doar, teoretic, eu ştiam mai bine ce îmi place şi ce mă face cu adevărat fericită. Sau, cel puţin, aşa credeam.

Şi iată-mă cu 12 rânduri scrise pe o agendă prea plină de lacrimi. Şi de praf. Se săturase şi ea, mai mult ca mine, de atâta suferinţă adunată în foile ei. De hârtie şi de viaţă. A venit ziua în care nu mai aveam putere să mă scutur de praf şi să mă simt veche. Nu mai voiam să am putere pentru suferinţă şi refuzam să îi mai dau o şansă dramei să îmi conducă viaţa. Dacă era cineva care trebuia să se ocupe de mine, eu eram aceea.

Ţin minte că am luat agenda şi am deschis-o la pagina pe care erau trecute cele 12 puncte de care aveam nevoie să mă agăţ ca să devin o femeie fericită. Mi-am privit mâinile, picioarele şi nu-mi plăcea nimic la mine. Dar era doar vina mea. Pe care acum nu o mai numeam vină, ci responsabilitate. În ochi nu am îndrăznit să mă uit decât după ce am ezitat o vreme. Însă nu am cedat şi nu am plecat din faţa oglinzii. Trupul meu părea atât de bătrân şi parcă întreaga viaţă s-a scurs din el. Însă ochii, ei erau mai vii ca niciodată. Pe ei timpul i-a făcut mai albaştri şi mai senini decât i-am văzut vreodată.

M-am gândit atunci că de la atâtea lacrimi curse, ei erau acum mai limpezi şi gata să privească noua viaţă pe care o aveam în minte să o construiesc. Părul îmi era acum lung, până la mijlocul spatelui, şi se ondula natural. Buzele crăpate şi uscate, fără nicio culoare, păreau că abia aşteaptă să înlocuiască oftatul lung cu sunete din piesele preferate pe care îmi plăcea tare mult să le fredonez, deşi nu aveam voce mai deloc.

La sărutul lui nici nu îndrăzneam să visez. El nu mai era de mult lângă mine. Dar despre asta nu mai voiam să-mi plâng în suflet. Am făcut-o deja destul. Acum era despre mine. Aşa că, m-am luat de mână şi mi-am spus cu voce tare:

> Asta sunt toată! Asta-i femeia cu care azi pornesc la drum! Mă așteaptă o călătorie lungă și sunt pregătită să o trăiesc din plin. Nu știu cât va dura, cum se va termina, cine mă va însoți și cine va fi la capătul acestei călătorii. Nu știu asta azi, aici și acum, și nici nu știu dacă mai vreau să aflu. Nu mai este deloc important pentru mine nimic din ce are legătură cu ceilalți. Un singur lucru mi-e însă certitudine, și anume că de azi mă am pe mine și nu mă mai las singură. Nu mă mai părăsesc, orice ar fi, și îmi rămân alături pentru întreaga viață! Eu sunt tot ce contează cu adevărat. Mai întâi eu și după aceea restul!

Mai întâi eu şi după aceea restul – mi-a rămas fraza după care m-am ghidat în tot procesul meu de transformare. Şi nu era sub nicio formă dovadă de egoism şi nici nu simţeam vreo emoţie negativă. Nu mai voiam să atrag atenţia nimănui, să impresionez sau să demonstrez ceva. Era doar ancora mea de putere care îmi arăta că dacă eu nu sunt bine, nu mă face nimeni bine. Că dacă eu nu sunt fericită, nu mă face nimeni fericită în locul meu. Aşa că, **mai întâi eu şi după aceea restul.**

Despre cele 12 puncte am scris mai jos și o să detaliez puțin despre fiecare, pentru că, până la forma lor finală, drumul nu a fost de la început ușor pentru mine.

1. Citesc și îmi scriu gândurile de femeie, nu doar în suflet, ci și pe hârtie. Și ele sunt doar pozitive. Nu am voie să scriu nimic negativ. Îmi interzic să mai primesc în viața mea dramă și suferință. Adio!

Mi-a plăcut mereu să citesc şi, în aceeaşi măsură, să şi scriu. Şi de când am descoperit dezvoltarea personală, m-am îndrăgostit mult şi de felul în care îţi poţi construi viaţa prin obiective. Îmi scriam în fiecare an dorinţele pe care le formulam apoi în termeni de obiective şi, pentru că am fost mereu vizuală, îmi construiam şi panoul dorinţelor. Decupam poze din reviste şi îmi construiam mental viaţa ideală pe care mi-aş fi dorit să o trăiesc (casa visurilor mele, corpul ideal, bărbatul iubit şi familia noastră, activitatea mea profesională şi locuri din toată lumea în care îmi doream să ajung la braţul lui).

Până şi pe el l-am construit în urmă cu ani buni pe o agendă de obiective şi viaţa nu m-a lăsat în aşteptare, ci mi l-a scos în cale, întâmplător, probabil când am fost eu pregătită să trăiesc această experienţă. Dar acum mă construiam din nou pe mine şi îmi era dor să mă întorc la obiceiurile mele pe care le adoram. Aşa că, am căutat pozele cele mai apropiate de viaţa pe care voiam să o trăiesc şi pe care acum simţeam că o merit din plin.

Eram pregătită. Îmi doream să vizitez Praga şi Santorini, aşa că le-am adus să fie parte din noul meu panou de visuri. Am adăugat acolo o căsuţă cochetă, o maşină masculină pe care ştiu că şi-o dorea şi el, iar sus de tot am pus o poză cu noi doi. El încă făcea parte din panoul meu. Şi din suflet. Şi din tot. Aşa că nu mă putea împiedica nimeni să nu-mi imaginez viaţa alături de el.

Dacă este adevărat că eu sunt autorul propriei mele vieţi, atunci eu o să-mi scriu cartea vieţii mele cu el alături. Că doar autorul poate să scrie ce-şi doreşte el, nu-i aşa? Şi eu asta îmi doream. O viaţă ideală cu el de mână.

2. Am un corp de care sunt îndrăgostită, în primul rând, eu. Îmi place mult de mine, îmi iubesc fiecare parte a trupului și am grijă să nu îmi lipsească nimic.

Nu m-am simţit de la început bine în pielea mea şi am căutat să îmi scot în evidenţă singură mai mult defectele decât calităţile. Probabil gândeam că dacă zic eu prima despre ele, oamenii din jurul meu nu mai consideră că au descoperit ei acele minusuri la mine şi le demonstrez că eu ştiam prima, înaintea lor, şi, mai mult decât atât, nici nu mă deranja. Ştiam să fiu autoironică.

Nimic mai neadevărat! Îmi plăcea să mă mint singură şi să mă chinuiesc inutil. Preferam să îmi iubesc urâtul şi să-l aşez la loc de cinste când frumosul din mine merita din plin toată preţuirea şi admiraţia mea. M-am comparat cu multe femei fără să o fac la început la modul constructiv şi asta năştea în mine multă frustrare şi invidie că nu sunt ca ele. Apoi, am descoperit că sunt plină de calităţi şi că toate acele defecte erau doar în mintea mea. Pentru mulţi oameni care m-au cunoscut, minusurile din capul meu erau pentru ei adevărate comori. Pe drumul dezvoltării mele personale, am început să îmi construiesc modele de feminitate şi să admir la ele calităţile şi abilităţile pe care mi le doream şi eu. Am început să modelez tot ce îmi plăcea şi voiam să aduc în viaţa mea. De la aspectul corpului şi al tenului, la machiaj, vestimentaţie şi postură. Mi-am aruncat aproape toate hainele vechi şi am făcut loc rochiilor, fustelor şi ţinutelor feminine. Şi nu pentru că nu cred că o femeie nu poate fi feminină şi în pantaloni, pentru că poate. Ci pentru că mie mi-a fost teamă de rochii şi m-am ascuns de ele.

Aşa că, m-am aruncat toată în fricile mele legate de feminitate şi m-am hotărât să le înfrunt. Ce am descoperit? Că îmi place atât de mult felul în care arăt astăzi şi admir tot ce ţine de mine, încât nu aş mai schimba nimic. M-am construit să îmi placă mie de mine. Şi goală, dar şi cu cele mai frumoase haine.

Mi-am răsfăţat trupul cu parfumurile pe care mi le-am dorit mereu şi cu toate produsele cosmetice pe care altă dată le consideram scumpe. Acum eu eram cea scumpă în comparaţie cu ele. Şi meritam din plin să mă răsfăţ singură şi să nu mai aştept să o facă alţii pentru mine. Nici măcar el.

3. Mă plimb în fiecare lună sau ori de câte ori simt nevoia într-un loc care mi-e drag. Singură și fără să mai aștept compania nimănui. Eu îmi sunt cea mai faină companie și îmi sunt de ajuns.

Este uimitor cum o femeie care fugea de singurătate ajunge să îşi prefere compania în favoarea oricărei alte ieşiri. Am învăţat să preţuiesc timpul pctrecut singură cu mine însămi şi îmi place mult să fac asta. Să simt nevoia să rămân singură cu mine periodic. Să mă încarc în liniştea şi în libertatea mea. Să meditez, să îmi ascult corpul, să mă rog, să îmi spun cuvinte de încurajare, să mă iert şi să mă felicit pentru orice reuşită sau lecţie învăţată.

M-am scos la masă singură în multe dăţi şi mi-a plăcut tare mult. M-am invitat în restaurante în care îmi doream să merg şi am luat masa cu mine. Am călătorit în multe vacanţe şi am făcut cunoştinţă cu camerele în regim single. Aşa am aflat despre mine că sunt cea mai bună companie pe care o pot avea. Şi că îmi sunt suficientă.

Aş minţi să spun că nu-mi doream ca el să-mi fie alături în multe locuri frumoase pe care le vedeau ochii mei, dar dorul şi amintirea lui nu mai erau dureroase. Îmi aduceau un zâmbet larg pe faţă şi în suflet. Pentru că atunci când îmi aminteam de el, o făceam numai cu cuvinte şi emoţii frumoase. Şi aveam încredere în viaţă. Că ştie ea ce face şi toate câte sunt să fie vor veni la timpul potrivit. Dacă acolo este locul lor.

4. Mă înscriu la toate cursurile care îmi plac și pe care le-am tot amânat. Dezvoltarea mea este foarte importantă. Iar

investiția în mine nu se devalorizează niciodată. Dacă cresc eu, crește odată cu mine și calitatea vieții mele.

Libertatea şi Dezvoltarea sunt valorile mele principale şi au fost dintotdeauna. Nu sunt fericită în lipsa lor şi am grijă să le strecor în tot ce înseamnă viaţa mea. Pe drumul dezvoltării mele, mi-am dorit să îmi îmbunătăţesc multe abilităţi, pe unele să le perfecţionez, iar pe altele să le învăţ de la zero pentru că nu le aveam. Aşa că m-am luat bucată cu bucată şi mi-am adăugat tot ce simţeam că îmi lipseşte şi mi-am şlefuit tot ce simţeam că mă zgârie.

Odată cu creşterea mea, s-a schimbat mult şi mediul care mă înconjura. Şi fără ca eu să fac vreun efort pentru asta. Efortul se mutase de ceva vreme doar în interiorul meu, iar la exterior lucrurile se construiau de la sine, natural. Ce îmi era potrivit a rămas. Ce devenise vechi dispăruse. Fără regrete şi fără alte emoţii negative. Doar un nou început, cu mine în centrul vieţii mele.

5. Mă întorc către activitatea mea profesională, îmi reiau toate proiectele puse pe pauză și le dezvolt mai faine decât oricând.

Viaţa mi-a demonstrat că, oricât de mult am primit din exterior de la ceilalţi, până nu am fost eu mulţumită şi împlinită în interior cu activitatea mea, nu m-am simţit completă. Satisfacţia cea mai mare am simţit-o de fiecare dată atunci când am construit ceva cu mâinile mele şi atunci când mi-am dat voie să fiu creativă.

Numai după ce am renunţat o perioadă la proiectele mele şi m-am ocupat de ceilalţi, fără măcar ca ei să mi-o ceară, am putut să-mi dau seama pe pielea mea că o femeie în lipsa creativităţii se ofileşte şi moare în interior, puţin câte puţin.

Atunci când faci cu bucurie ceva ce ţie îţi place, tu te încarci singură cu iubire şi cu încredere de sine. Reuşeşti să fii fericită doar cu ceea ce tu poţi crea cu mintea, cu inima şi cu mâinile tale.

Aşa că m-am întors la proiectele mele şi am pus în fiecare dintre ele bucăţi din femeia care devenisem. Din prea plinul meu, acum eram capabilă să ofer şi să îmi rămână şi mie. Şi rezervorul meu interior cu iubire învăţasem să mi-l umplu singură.

6. Renunț la tot ce este vechi și nu mai este potrivit pentru mine (haine, oameni, experiențe, amintiri și lucruri).

Se spune că este mai uşor să renunţi decât să faci alegeri. Aş zice că nu-i mare diferenţă. Mi-a fost parcă mai greu să renunţ la orice avea amprenta mea, chiar dacă nu îmi mai folosea de mult. Dar era obişnuinţa că este acolo acel ceva. Că este al meu şi poate odată o să îmi folosească. Am început prima dată să renunţ la obiecte, apoi la haine, mi-am rescris evenimente şi experienţe din trecut şi apoi am renunţat şi la oameni.

Dar, cu oamenii, pot spune că a fost mai simplu, pentru că majoritatea au renunţat ei la mine deja. Aşa că, în cele mai multe cazuri, doar eu mai ţineam de o amintire veche. Am ales noul şi am creat loc pentru ceea ce urma să trăiesc şi să devin.

7. Sunt atentă la energia mea feminină și mă întorc către esența mea.

La capitolul feminitate şi energie feminină, trebuie să recunosc că mi-a fost cel mai greu. Să reuşesc cu acceptare şi răbdare, să nu mai am nevoia de a deţine controlul şi să îmi dau voie să aleg simplitatea. Să simt mai mult cu inima şi apoi să îmi accesez şi raţiunea. Să trăiesc mai mult în corp şi mai puţin în cap. Şi cu cât am reuşit mai bine să fac asta, cu atât mai mult am înlocuit filmele şi scenariile cu emoţiile pozitive. Mai toată viaţa mea de înainte de a mă construi o femeie de care să-mi placă mie mi-am petrecut-o în cap, în raţiune, în luptă, într-o continuă agitaţie şi nelinişte, în nevoia de a deţine controlul şi de a avea putere. Acum, în noua versiune, mutată recent în corp, îmi simţeam mai bine respiraţia şi îmi auzeam mai bine inima. Mă împrietenisem mai mult cu emoţiile şi chiar nu îmi mai lipseau gândurile şi neliniştea. Nici măcar nu mai aveam nevoie să am dreptate absolută sau să imprim direcţii de urmat.

M-am întors de la luptă şi consideram că războaiele sunt mai potrivite pentru bărbaţi. Şi dacă era cineva dornic să mai lupte, cu siguranţă, lui i-ar fi stat mai bine să facă asta, şi nu mie. Cât despre putere, mi-am demonstrat că pot fi puternică, dar că e responsabilitatea mea în ce măsură îmi dozez această putere şi, mai mult decât atât, spre ce anume o direcţionez. Înainte, obişnuiam să îmi direcţionez puterea în exterior către ceilalţi.

Acum, însă, puterea mi-o trimiteam numai la ea acasă. La mine în suflet. Nu mai aveam nevoia să arăt în exterior, ci mă făcea mai fericită să trăiesc în lumea mea lăuntrică. Pentru că acolo îmi descoperisem mereu adevăratele comori.

8. Mă înconjor de oameni ca mine și îmi dau voie să experimentez lucruri noi

(singurul indicator de care voi ține cont este doar felul în care mă simt și voi păstra exclusiv doar ce mă face să mă simt bine).

Am fost dintotdeauna o persoană foarte sociabilă şi uşor de abordat cu un spaţiu personal destul de restrâns. Motiv pentru care mi s-au perindat prin viaţă şi oameni care nu aveau ce să caute pe acolo. Unii au avut grijă să ia cu ei la plecare şi bucăţi din mine pe care am muncit să le regenerez şi să mi le lipesc la loc. De data asta, suficient de bine, încât să îi mai fie cuiva posibil să mai ia vreodată ceva.

Singura care aveam acum acces la părţi din mine eram doar eu. Şi dacă eu consideram că merită să ofer, atunci o făceam eu singură fără ca măcar să îmi mai ceară cineva asta. Am cunoscut însă şi oameni frumoşi. Şi au fost mulţi. Fiecare şi-a lăsat amprenta şi m-a construit într-un mod direct sau indirect.

Şi pentru că viaţa a fost generoasă cu mine şi mi-a oferit mulţi termeni de comparaţie, ştiind acum ce înseamnă, eu am ales să nu mai fac niciodată vreun compromis şi să primesc în viaţa mea doar oameni care să mă facă să îmi fie bine. Am învăţat deja să fiu bine singură cu mine şi nu mai vedeam deloc sensul în a primi în viaţa mea pe oricine de dragul de a fi acolo. Mi-am pus multe filtre şi am permis accesul doar celor care au meritat.

9. Ofer necondiționat și fără să aștept nimic în schimb, fără să îmi propun, ci ori de câte ori sufletul meu simte că îi face bine să facă asta.

Pentru că acum la mine în suflet era plin, nu mai simţeam nevoia să cer, ci mă bucura nespus şi mă făcea să mă simt împlinită orice puteam să ofer. Cel mai la îndemână mi-a devenit să îmi ofer mie şi celorlalţi iubire. Să mă bucur de prezenţa oamenilor şi să îi ajut aşa cum puteam eu mai bine în contextul respectiv.

Cât despre aşteptări?! Aş minţi să spun că am scăpat definitiv de ele. Însă atunci când mă surprindeam că am un gând legat de o aşteptare de la ceilalţi, şi nu de la mine, mă recadram şi deveneam conştientă că acum eu sunt cea responsabilă şi datoare faţă de propria mea viaţă şi propria mea persoană. Nimeni altcineva. Şi, în câteva secunde, dispăreau eventualele emoţii negative legate de aşteptări.

10. Nu mai pun energie și timp în locul care nu duce nicăieri. Pun energie și timp acolo unde văd o posibilitate de a crea o direcție.

Atunci când m-am construit o femeie de care să-mi placă, mi-am făcut o promisiune, şi anume să investesc în cineva exact atât cât investeşte şi el în mine. Nici mai mult şi nici mai puţin. Mi-am propus să devin oglindă şi să reflect cât se poate de fidel imaginea care vine spre mine.

Să îmi dau voie să construiesc acolo unde ştiu că poate ieşi ceva bun, măreţ şi care să ajute şi alţi oameni să aibă o viaţă mai bună. Să ofer timp, prezenţa mea şi poate chiar şi experienţe de viaţă celor care au nevoie şi care încă îşi caută răspunsuri în propriile lor vieţi. Să inspir prin propriul meu exemplu şi să mă las, la rândul meu, inspirată.

Să renunţ la toate obiceiurile care îmi consumă timp şi energie fără să îmi dea nimic la schimb. Nici măcar satisfacţie şi împlinire, pentru că am observat că sufletul meu se bucură cel mai mult atunci când le primeşte şi de la ceilalţi oameni dragi. De la mine le primeşte oricum.

11. Îmi aliniez mintea și inima în orice situație și țin cont de ele în fiecare decizie

pe care urmează să o iau, fără să le exclud. Amândouă sunt la fel de importante și fac echipă bună.

M-a ajutat foarte mult atunci când urma să iau o decizie sau să fac o alegere să îmi întreb şi mintea – **ce crede în legătură cu asta?** Dar şi inima – **ce simte legat de asta?**

Mi-am creat acest sistem propriu de două întrebări minte-corp şi de fiecare dată, atunci când ambele răspunsuri au fost pe aceeaşi direcţie, am ştiut că am făcut ce trebuia.

Într-o zi, el îmi va spune că rămâne.
De tot.

12. Mai întâi eu și apoi restul.

A durat ceva până să ajung în punctul ăsta în care totul se învârte în jurul meu şi eu să fiu real pe locul întâi, şi nu doar la nivel de afirmaţie. Nu ar ajuta să spun exact câţi ani au fost în total, pentru că fiecare dintre noi are propriul lui ritm şi timp de evoluţie. Unii ne învăţăm lecţiile mai repede, iar alţii avem nevoie să le repetăm de mai multe ori până să ne convingem de ceea ce avem de făcut.

M-am simţit cu adevărat liberă în ziua în care eu am devenit unica responsabilă pentru viaţa mea. Am simţit că mi-am recâştigat puterea şi că totul şi orice era din nou în mâinile mele. Încrederea în sine este strâns legată de iubirea de sine şi ambele nu pot exista fără forţă interioară. Fără acel foc din suflet pe care doar tu, cel care îl porţi în tine, eşti responsabil să-l menţii aprins.

Am avut mulţi ani cenuşă în suflet atunci când n-am avut eu grijă de focul meu interior. Dar a meritat din plin fiecare zi de muncă cu mine, pentru că din cenuşa aia m-am construit să-mi placă mie de mine. Şi acum ştiu bine cum se simte senzaţia de cenuşă şi, mult mai bine, am trăit în propria mea viaţă care este cel mai rău lucru care mi se poate întâmpla dacă mi se stinge focul interior. Iar atunci când deja ţi-ai atins şi cea mai insuportabilă limită pe care credeai că o poţi avea vreodată, nimic nu mai poate fi prea greu sau imposibil.

De un lucru însă sunt foarte sigură – că focul meu nu o să se mai stingă niciodată! Pentru că eu acum ştiu cum să-l menţin mereu aprins. Şi mai ştiu şi ceva în plus – **cum să-l aprind în ceilalţi.**

Rămasă cu agenda în faţă, mă simţeam mai pregătită ca oricând să îmi trăiesc noua viaţă.

Meritam din plin să fiu fericită şi muncisem să obţin tot ce astăzi viaţa părea că începe să îmi ofere.

M-am aşezat pe marginea de canapea, în colţul meu drag în care obişnuiam să-mi scriu visurile şi m-am abandonat în mine, mai liniştită ca oricând. În timp ce mă prăbuşeam uşor-uşor către sufletul meu, din inimă mi-am auzit şoptit cu o voce pe care nu o mai auzisem niciodată până atunci, atât de caldă şi de blândă:

Iubeşte-mă ca în prima zi! Sunt aici!

Venise acum şi timpul meu,
Dar tu ai vrut să te dai zmeu
Şi-ai vrut să mă opreşti în loc
Şi să-mi arăţi că pot... deloc.

N-am vrut să merg pe mâna ta
Şi să mă-ncred în tine
Ştiam mai bine viaţa mea
Ştiam că-mi va fi şi bine.

8

Atunci m-am văzut pentru
prima dată în tine. Mi-am
văzut ochii, mi-am simțit
fiecare bucată de suflet,
m-am trăit în fiecare
respirație de-a ta.
Am simțit că tu ești
cea mai bună parte din mine,
partea mea frumoasă.

Lecțiile pe care le-am învățat când am plecat pe drumul către mine

„Iubirea? Ce-i iubirea? se gândea el. Iubirea stă în calea morții. Iubirea este viață. Tot, tot ce înțeleg, înțeleg numai pentru că iubesc. Tot ce există, există pentru că iubesc. Totul e legat numai de iubire. Iubirea este Dumnezeu și, când mori, înseamnă că tu, o părticică din iubire, te întorci la izvorul veșnic al tuturor lucrurilor."

(Lev Nicolaevici Tolstoi)

Atunci când iubirea mi s-a întors în suflet, am simţit că am renăscut şi că de acolo începe cu adevărat viaţa la care am visat întotdeauna. Mi-a fost însă foarte greu să mă obişnuiesc cu ideea că merit cu adevărat să fiu fericită. După ce o perioadă de timp te biciuieşti singură, atunci când suferinţa dispare din viaţa ta, parcă nu ştii să funcţionezi în lipsa ei, aşa că începi să îţi inventezi motive şi să creezi scenarii care să te ajute să funcţionezi aşa cum tu ştii cel mai bine să o faci – cu dramă şi cu lacrimi pe obraji.

Au fost multe dăţi în care durerea voia să plece de la mine şi eu o imploram să mai rămână şi să nu mă lase singură, pentru că nu ştiam cum să fiu eu în lipsa ei. Sau dacă totuşi vrea să mă părăsească, să îmi lase în urmă un manual de instrucţiuni din care să învăţ cum să mă folosesc pe mine, pentru că eu chiar am uitat. Anii în care nu am mai ştiut cine sunt au fost însă şi cei care aveau să îmi aducă cele mai frumoase lecţii de viaţă. Din durerile cele mai mari, mi s-au născut şi puterile magice cu care acum puteam să câştig tot.

Atunci când am pornit pe drumul cunoaşterii de sine, nu am ştiut nici cât o să dureze şi nici măcar cât o să doară de tare transformarea mea interioară. Însă de un lucru nu m-am îndoit niciodată, şi anume că la capătul drumului, eu o să fiu învingătoare. În toată călătoria către regăsirea mea, am avut două resurse de nădejde: credinţa în Divinitate şi credinţa în inima mea. Şi asta mă făcea să nu mă simt singură. Iar în momentele în care m-am avut cu adevărat doar pe mine şi nu a mai fost nimeni în jurul meu, au fost şi momentele în care mi-am dărâmat toate zidurile false care credeam că mă protejează de lumea din afara mea. Şi în care mi-am dat voie să fiu vulnerabilă şi să mă arăt lumii aşa cum sunt, de fapt.

Am aflat că vulnerabilitatea este cea mai mare dovadă de putere atunci când problema ta nu te mai doare, când ea nu te mai afectează. Atunci când nu îţi mai curg lacrimile de la sine fără să le chemi. Vulnerabilitatea devine o forţă atunci când te detaşezi de tot ce te afectează şi când te împaci cu fiecare trăire din suflet. Atunci când nu te mai condamni, nu te mai învinovăţeşti şi nici nu mai vrei să schimbi cursul lucrurilor. Vulnerabilitatea m-a învăţat că este prietenă bună cu acceptarea şi că dacă le integrez pe ambele în viaţa mea, şi ele devin parte din mine, sunt cu adevărat fericită şi împlinită. Am ştiut să fiu vulnerabilă şi asta m-a făcut să mă mândresc cu ceea ce sunt, când încă poate nu eram nimic.

Pentru că poți fi nimic pentru toți din jurul tău! Dar dacă pentru tine ești totul, restul sunt doar detalii. La fel cum este valabilă și reciproca. Poți fi totul pentru cei din jurul tău, dar dacă pentru tine însăți ești nimeni, nimic nu are cu adevărat valoare.

Am aflat că în toate câte le-am trăit m-am căutat, de fapt, pe mine. M-am găsit de-abia în ziua în care am putut să înţeleg cine sunt, să mă apreciez şi să mă iubesc la adevărata mea valoare. Dacă m-aş fi găsit până atunci, cel mai probabil că nu aş fi ştiut cine sunt cu adevărat şi ce pot deveni. M-aş fi complăcut în situaţii mici, aş fi acceptat multe compromisuri, aş fi tolerat mulţi oameni care mi-au făcut rău de teamă să nu rămân singură.

Pe drumul regăsirii de sine, compromisul nu a mai avut loc. Nu a mai încăput şi nici nu am mai vrut să mă ţină de mână. Nu i-am mai făcut loc şi nu s-a mai simţit deloc dorit. Am preferat să îmi spun adevărul decât să mă mai mint singură şi să-mi creez aşteptări în lucruri şi experienţe care nici măcar nu depindeau de mine. La fel cum am aflat că fericirea nu poţi s-o înmulţeşti cu orice doar ca să pară mai multă când ea, de fapt, e puţină sau nu există. Pentru că finalul nu mai are acelaşi gust. E ca atunci când într-un pahar cu alcool, de care ai nevoie să-ţi anestezieze simţurile, ai turna apă doar ca paharul să rămână plin. Mai are acelaşi gust?

Am învăţat că nu poţi trage de ceva ce nu se întinde, pentru că există riscul să se rupă. Şi să nu mai poţi repara niciodată ruptura. Pentru că orice metodă ai găsi să repari, un lucru reparat nu mai este un lucru nou. Şi, de cele mai multe ori, lucrurile vechi sunt aruncate la gunoi. Pe ele nu le mai vrea nimeni decât dacă se nimereşte vreun colecţionar de antichităţi care ştie să estimeze un obiect dincolo de aspectul său exterior uzat, cu crăpături şi zgârieturi. Aşa mi-a arătat viaţa că sunt şi oamenii. Unii pun preţ pe ambalaj, fără să ştie cum este conţinutul. Îşi creează aşteptări, şi atunci când înăuntru nu-i ce se aşteptau să fie, găsesc că-i mai necesar pentru ei să nu păstreze ceva ce n-ar folosi şi ceva ce n-ar aduce utilitate în viaţa lor.

Dar mai sunt şi oameni care nu se tem de aspectul şifonat de la exterior, pentru că reuşesc să vadă printre spărturile ambalajului comoara din interior. Aceia sunt oamenii care nu-şi pun mănuşi ca să dea la o parte fiecare parte stricată de exterior, pentru că ştiu că înăuntru este ceva ce merită scos la suprafaţă. Ei sunt eroii care modelează oameni fără ca măcar să aştepte ceva în schimb. Aşa mi-a fost el erou în călătoria mea de autodescoperire. El, singurul om, care a reuşit să vadă în mine tot ce eu nu ştiam vreodată că poate exista. Dar nu era suficient ca doar el să vadă asta. Trebuia ca şi eu să pot face asta singură.

Am învăţat că atunci când eşti mai atent la propria persoană, nu mai ai timp să te raportezi la nimeni şi nici să te compari cu alte persoane. Atunci când atenţia mi s-a mutat către interior, am devenit mai conştientă de floarea pe care o purtam în suflet şi că doar de mine depindea să o aud şi să o îngrijesc dacă îmi doream să nu se ofilească şi să moară. Floarea din mine m-a făcut să îmi dau seama că aşa cum fiecare floare e frumoasă în felul ei şi nu se compară cu o alta, aşa-s şi eu, o femeie unică şi frumoasă în felul meu. Că nu există alta ca mine şi că întreaga energie şi atenţie îmi doresc să le canalizez către mine.

Am mai învăţat că este mai bine să las acţiunile şi rezultatele să vorbească despre mine decât să mă laud prin cuvinte pompoase şi atent alese. Că dacă vreau să fac zgomot şi nu mă pot abţine, mai bine o fac în propriul meu suflet decât să deranjez în afară. Că este mai bine să mă cert în mine decât să îi cert pe alţii. Să fiu eu cea care poate înţelege ce face fiecare om pentru sine, aşa cum lui îi este mai bine şi mai potrivit.

Am învăţat că uneori un singur cuvânt urât spus la ambiţie, pentru că vrei să nu rămâi mai prejos, îţi arată, de fapt, cât eşti de prejos în comparaţie cu omul căruia i te adresezi. Şi că balanţa între un cuvânt urât şi o mie de cuvinte frumoase care să-l îmbrace atârnă mereu, fără excepţie, în favoarea cuvântului urât. Însă am mai aflat şi că acolo nu este sfârşitul şi chiar şi acel cuvânt urât, care poate ţi-a sfâşiat sufletul, poate fi iertat. Pe drumul regăsirii de sine, iertarea m-a ajutat să mă eliberez de foarte mult gunoi pe care îl duceam cu mine de ani buni. Iertarea mi-a arătat că diferenţa dintre oameni uneori o face faptul că unii aleg cu bună ştiinţă să îşi poarte gunoiul, cu mândrie, pentru că ei cred că este bunul lor cel mai de preţ. Iar alţii privesc către propriul gunoi, îl împachetează într-o cutie frumos colorată lângă care adaugă orgoliu, supărare, ură, negativism, invidie, nervozitate, ambiţie şi o leagă strâns cu multe noduri făcute din propriul lor ego.

Am învăţat că nu tot ce nu le place altora la mine este, de fapt, despre mine. Că-s multe dăţi în care eu doar sunt oglindă pentru oamenii din jurul meu şi fiecare se vede pe sine în mine, aşa cum este el, de fapt. Cei care şi-au văzut imaginea mai frumoasă ca oricând au rămas şi mi-au bucurat viaţa. Iar cei care s-au văzut urâţi şi inferiori au ales să plece fără ca eu măcar să le-o cer vreodată. Şi aşa, viaţa mi-a arătat că există o selecţie naturală pe care universul o face de cele mai multe ori în locul tău. El te ajută să păstrezi ce-i bun şi potrivit, iar ce nu-ţi mai trebuie dispare. Am învăţat şi că eu, la rândul meu, mă pot oglindi urât în viaţa unei persoane şi că ea are dreptul să nu mă vrea în compania ei. Şi că atunci nu este despre mine, ci este despre propria-i persoană.

Am învăţat că egoul nu-i aşa bun prieten cum pare la prima vedere şi că dacă fac un pact cu el, nu îmi depăşesc propriile limite, ci rămân captivă în cuşca propriilor mele amăgiri şi dezamăgiri. Şi ce multe au fost dăţile în care m-am dezamăgit pe mine în goana după iluzii! Pe care tot eu am ales să le creez.

Am învăţat că este necesar să îmi aflu limitele şi să mi le cunosc în detaliu. Apoi, că este bine pentru mine să le comunic clar limitele mele şi celor din jurul meu. Pentru că viaţa mi-a arătat că oamenii se apropie de tine exact atât cât le dai tu voie. Nici mai mult, nici mai puţin. Dar dacă tu nu ştii unde să le spui să se oprească şi uşa către tine este mereu larg deschisă, ei intră încălţaţi şi poate că îţi lasă urme acolo unde tu ai muncit să cureţi. Sau poate că se descalţă şi intră cu tălpile goale. Însă îţi apasă atât de tare pe suflet şi vor să rămână acolo, încât tu devii responsabilă şi ajungi să îi duci în spate. Am învăţat să deschid uşa sufletului meu numai după ce inima a devenit soneria care mi-a arătat ce fel de om am în faţa mea fără să mai fie nevoie să folosesc vizorul. Atunci am învăţat că intuiţia mi-e mai prietenă decât egoul şi cu ea vreau să fiu prietenă pe termen lung. Nu mi-a impus condiţii şi nu mi-a cerut nimic la schimb. Însă mi-a arătat cum să fiu atentă la ce simt.

Am învăţat că atunci când îmi petrec viaţa mai mult în emoţie, sunt mai fericită decât atunci când fac calcule şi statistici. Şi că deşi mi-a plăcut matematica, formulele şi cifrele exacte nu mai sunt pentru mine. Că-mi place mai mult să fiu liberă şi să zbor printre propriile mele trăiri fără să mai caut să le dau denumiri şi să înţeleg exact ce înseamnă. Am aflat că aş da oricând la schimb o oră de gândit logic, de argumente şi de adevăr pe o oră de trăit liber, fără definiţii.

Am cunoscut oameni care mi-au oferit cadouri scumpe şi experienţe mici. Cum, de partea cealaltă, am întâlnit oameni care nu mi-au oferit mai mult decât un cuvânt bun, un gând frumos şi o inimă curată. Şi aşa, am învăţat că tot ce-i material are şi un preţ. Însă tot ce ţine de iubire în veci va rămâne fără preţ. Pentru că orice preţ ar fi prea mic în comparaţie cu ce este ea, însăşi iubirea.

Am învăţat să mă feresc de oameni care doar îmi vorbesc frumos, dar acţionează urât. La fel cum am învăţat să mă dau la o parte şi de lângă oamenii care vorbesc urât, dar acţionează frumos.

Pentru că viaţa mi-a arătat că frumosul nu se murdăreşte niciodată cu urât şi că urâtului îi place să rămână singur!

Despre zâmbet şi râs cu poftă am învăţat numai după ce m-am săturat de plâns şi i-am ştiut gustul, mirosul şi culoarea. Şi aşa am aflat că viaţa are mereu contraste fără de care nu aş fi ştiut cum să-mi dau seama când îmi este bine şi corect şi când nu. Şi singurul instrument de care am ales să ţin cont, în tot ce a însemnat viaţa mea, a fost felul în care am simţit. Nu am mai trăit nicio zi fără să ţin cont de valorile mele, de idealurile în care credeam de mică şi fără să-mi mai ascult propriul adevăr.

Am învăţat că toţi oamenii au dreptate, însă dacă dreptarea lor nu se suprapune şi cu dreptatea mea, ce folos? Iar despre realitate am aflat că este construită de propria mea viziune şi de fiecare acţiune din trecut. Şi că tot ceea ce fac într-o zi, în următoarea îmi va deveni realitatea construită cu propriile mele mâini.

Am aflat că puterea nu stă în numărul de kilograme, nici în numărul de antrenamente sau în suplimentele luate ca la carte, ci doar în felul în care reuşeşti să îţi asumi responsabilitatea pentru viaţa ta. Întreaga viaţă.

Am învăţat, de asemenea, că nimeni pe lumea asta, nici măcar oamenii care te iubesc cel mai mult şi şi-ar da bucăţi din sufletul lor, nu poate trăi viaţa în locul tău şi nu îţi poate scurta suferinţele. La fel cum nimeni nu se poate bucura cu aceeaşi intensitate cu care reuşeşti să o faci tu în propria ta viaţă. Şi lecţia asta mi-a arătat că, deşi sunt înconjurată de mulţi oameni care mă iubesc şi mă preţuiesc, în faţa problemelor mele sunt singură. Şi nu pentru că ei refuză să mă ţină de mână, ci pentru că-s situaţii prin care eu trebuie să trec singură, să îmi călesc şi sufletul şi mintea şi palmele. Iar apoi să pot să mă întorc glorioasă acasă şi să-mi spun mie, în primul rând, că am reuşit. Să fiu mândră şi să-mi sărbătoresc succesul în propria viaţă.

Am învăţat că un obiectiv, cu cât se lasă mai greu de atins şi cu cât drumul până la el pare mai lung, în momentul în care ajungi să-l trăieşti, a meritat din plin şi că efortul este direct proporţional cu reuşita şi cu satisfacţia. Că deşi sunt multe momente în care îţi vine să renunţi pe parcurs, este mai bine să te opreşti să te odihneşti cât îţi este necesar şi să-ţi continui încrezător drumul decât să te întorci cu capul plecat că nu eşti în stare de nimic.

Tot pe drumul către mine, viaţa mi-a arătat că nu orice drum duce neapărat undeva. Că unele drumuri sunt scurte şi întunecate, se termină brusc şi oricât ai încerca să îţi construieşti o cale, drumul acela rămâne închis. De tot. Şi după ce îţi consumi efort, timp, energie, poate chiar ani din viaţă, constaţi că ai doar două opţiuni: fie rămâi în continuare şi te chinuieşti să obţii ce niciodată nu va putea fi obţinut, deşi tu ştii bine asta, fie alegi să te întorci şi să încerci un alt drum. Drumul tău. Dar mai sunt şi drumuri care, deşi mergi singur, la un moment dat, se intersectează cu alte drumuri şi îţi scot în cale oameni de nădejde cu care să-ţi continui călătoria. De cele mai multe ori, aceia sunt oameni călăuze. Şi, da, uneori viaţa te aduce şi pe drumuri pe care nu a mai mers nimeni înaintea ta. Ele sunt întunecate, pline de noroi şi tu, cel care păşeşti timid pe ele, eşti desculţ, ţi-e frig şi ai teamă de necunoscut. Însă focul tău interior reuşeşte să îţi lumineze paşii şi să te ducă acolo unde este locul tău. Acasă, în inima ta.

Atunci când am început să-l iubesc pe el, am învăţat că dacă toţi bărbaţii din lume mi-ar zice că-s frumoasă şi că merit tot ce-i mai bun, dacă el nu o face, nimic nu are valoare. Însă ajută să învăţ să mi-o zic eu. Pentru că şi omul tău drag, oricât de mult te-ar iubi şi ţi-ar pune lumea la picioare, el are dreptul ca într-o zi să plece, să te lase sau să moară. Iar tu atunci tot cu tine vei rămâne. Şi viaţa asta pare că, în fiecare zi pe care o trăieşti, nu face altceva decât să te pregătească pentru un mâine în care tu să fii mai bună şi mai pregătită.

Am învăţat că sunt situaţii pentru care nu există scurtături şi pe care este necesar să le trăiesc pas cu pas, bucată cu bucată, pentru ca, la final, să pot fi mai înţeleaptă cu o experienţă. Viaţa mi-a arătat că bogăţia cea mai mare pe care pot să o am se măsoară în ce las mai departe, şi nu în ce adun sau pun deoparte. Că orice moment are valoare atunci când îl trăieşti şi cât timp este încărcat cu emoţii. Apoi, chiar și cea mai dureroasă amintire îşi pierde din intensitate pe măsură ce peste ea se aşază timpul.

Am învăţat că timpul îl măsori cel mai bine în zile de fericire. Că alea-s momentele care te încarcă cel mai mult ca să poţi duce cu uşurinţă războaiele pe care viaţa ţi le strecoară tiptil. Și că atunci când ai lângă tine o echipă potrivită, orice luptă este câştigată.

Am învăţat că prietenia înseamnă să îi dau dreptul celui din faţa mea să fie aşa cum vrea el să fie, chiar dacă uneori asta înseamnă să nu îmi dea dreptate, să nu mă susţină, să nu mă asculte sau să-mi încurajeze toate visurile. Am învăţat că eu îmi sunt cel mai bun prieten şi dacă reuşesc să îmi păstrez relaţia de prietenie cu mine însămi, sunt cea mai câştigată.

Au fost multe momente când am învăţat că pot să mă supăr pe mine şi că am dreptul să fac asta. Că pot fi chiar şi furioasă, dezamăgită, că mă pot simţi vinovată, că pot invidia şi că pot avea în suflet şi partea mea întunecată. Am învăţat să nu mă mai condamn pentru asta, însă am făcut în aşa fel încât toate acestea să nu rămână prea mult timp în viaţa mea. Să le recunosc în mine, să le observ, să mi le asum, dar să nu le alimentez cu putere. Puterea să o pun acolo unde ea se potriveşte cel mai bine în partea mea frumoasă şi bună. Ca să poată genera mai multă frumuseţe şi mai multă bunătate.

Am învăţat că dacă plec dintr-un loc, dintr-o situaţie sau dintr-o relaţie, o fac numai după ce ştiu şi simt că am făcut tot ce puteam face, în aşa fel încât eu să fiu împăcată cu mine că nu mai era nimic de făcut. Şi nici loc de rămas. Şi nu ca să îi determin pe alţii să mă aducă înapoi sau să-mi simtă lipsa.

M-am agăţat de lucruri şi am ţinut cu forţa situaţii care nu îşi aveau locul în mâinile mele mici. Şi nici în inima mea mare. Am depus efort şi, cu toată strădiuinţa mea, când ceva nu a fost pentru mine, nu a fost. Însă ce mi-a fost dat să trăiesc am primit fără măcar să aştept.

Am învăţat că viaţa te surprinde plăcut cel mai mult atunci când nu ai aşteptări, când eşti relaxat şi când trăieşti în prezent. Şi că un vis îţi poate deveni realitate şi peste mulţi ani. Aproape când credeai că-i imposibil ca el să se realizeze.

Am învăţat că nu e o ruşine să plângi, chiar dacă asta înseamnă să fii într-un mall, la o nuntă sau când eşti singură pe o bancă în parc. Că emoţiile care vor să iasă la suprafaţă o fac mai devreme sau mai târziu sub o formă sau alta, oricât te-ai strădui să le ţii ascunse de ochii lumii. Şi dacă tot ies la suprafaţă, mai bine să le ajuţi şi să le îmbraci în cea mai frumoasă haină pe care o poţi purta – autenticitatea.

Am învăţat că oamenii din jurul meu mă văd exact aşa cum mă văd eu pe mine. Că de la mine pleacă totul şi că eu generez mişcarea pe care vreau să o trăiesc. Viaţa mi-a arătat că oamenii vin după mine şi mă urmează, nu atunci când le spun că voi face ceva, ci după ce le arăt cum am făcut.

Am învăţat să privesc cu răbdare către copilul meu interior care am fost şi am rămas încă în unele situaţii, să învăţ din greşeli şi să îmi dau voie să greşesc de nenumărate ori. La fel cum am învăţat să privesc cu curiozitate către varianta din viitor, cea care îmi doresc să devin. Şi de acolo să privesc înapoi către momentul prezent şi să mă întreb ce am de făcut ca să ajung mai repede acolo.

Am învăţat să mă arunc în experienţe în care simt că vreau să fiu fără să pun mai presus zona de confort, autolimitările şi fricile care mă sabotează. Şi am aflat că atunci când îmi este cel mai frică de ceva, de orice, mă ajută să mă vindec înfruntarea şi confruntarea cu propriile mele limite.

Am învăţat că oricât de neagră şi rea mi se pare o zi, după ce se aşterne noaptea peste ea, ea devine o zi oarecare şi mi se transformă în trecut. Aşa am învăţat să-mi spun singură în momente grele:

Este doar un moment!
Viața este mai mult decât atât!
Mai ai puțină răbdare!

Am învăţat, însă, că toate câte le-am învăţat mi-au fost mai uşor de dus cu el de mână şi cu inima plină de iubire!

Am învățat în fiecare zi
Să mă iubesc şi să mă caut
Pe ieri să-l fac să fie azi
Iar azi să-mi devină absolut.

Dar ce faci atunci când orice drum tot în sufletul lui ajunge?

9

Iubirea are ochi albaştri.
Şi numele tău.
Şi în fiecare zi o să scriu
o pagină de carte din fiecare
emoție pe care o simt acum,
şi ea va deveni povestea
vieții mele.

Cum m-a învăţat un călugăr despre iubirea necondiţionată

„Iubirea adevărată, mare, necondiționată e taina tuturor fericirilor pământești și cerești. Numai iubirea apropie pe om de Dumnezeu."

(Liviu Rebreanu)

În una dintre vacanţele pe care mi-am petrecut-o la o mănăstire de suflet, Sihla, un călugăr m-a învăţat lecţia iubirii necondiţionate. Nu ştiu dacă el şi-a propus să mă înveţe neapărat ceva, ci cred că am fost doar omul potrivit la vremea care îmi era mie potrivit să aflu acele informaţii.

Sau, mai bine spus, să le trăiesc cu inima. Eram pe atunci căzută în genunchi în faţa altarului şi mă rugam. Nu am ştiut niciodată cum să mă rog şi de fiecare dată când o făceam, parcă simţeam că nu reuşesc să ajung la Dumnezeu, că rugăciunea mea nu-i suficient de sinceră şi că poate nu mă aude nimeni. Îmi plângeam în suflet şi uneori sufletul mă durea atât de tare, încât nu mai aveam aer să respir. Mă durea pe atunci neputinţa de a face altfel decât simţeam să o fac.

Am stat căzută în genunchi mai bine de o oră până când mi-a rămas doar oftatatul. Lacrimile mi se terminaseră toate. Îmi era frig şi tot corpul îmi tremura. Dar chiar şi acele senzaţii rele tot erau mai puţin decât ce îmi era cu adevărat în suflet. În uşa mănăstirii, i-am văzut ochii albaştri care mă priveau fix. Am zâmbit şi am vrut să merg mai departe în gândurile mele. El însă m-a oprit:

– Ce te doare de plângi aşa de tare?
– Sufletul, i-am răspuns.
– Sufletul nu doare decât atunci când te împotriveşti şi când nu trăieşti în armonie cu tine.

M-am blocat şi am făcut ochii mari. M-am aşezat timidă pe scaunul de lângă el şi îmi doream să mai zică ceva. Orice. Cuvintele lui îmi făceau bine. Îmi linişteau sufletul atât de zbuciumat şi mă aduceau într-o stare de prezenţă pe care nu am mai simţit-o niciodată până atunci. El însă a tăcut şi a zâmbit calm. Iar eu am simţit nevoia să umplu tăcerea care s-a aşezat între noi:

– Nu ştiu cum să dau drumul la ceva ce face parte din mine şi cred că mi se cuvine. Doar că eu vreau să păstrez ceva ce nu se vrea a fi păstrat. Şi doar gândul că îi dau drumul din suflet şi nu-mi mai este nici măcar acolo mă face să mă simt mai goală ca niciodată. Simt că dacă las să plece acea parte din mine, rămân fără nimic. M-am umplut toată de el şi n-aş mai şti cum să fiu eu în lipsa lui. De fapt, eu nici nu mai ştiu cine sunt.

– Nu mai ştii cine crezi că eşti, a zis el.

– Nu înţeleg, l-am privit mirată.

– Adică tu crezi despre tine că eşti cumva, însă ceea ce crezi tu nu este neapărat şi adevărat. Felul în care tu acum te vezi pe tine îţi influenţează şi modul în care te raportezi la tine. Tu ştii cine eşti, pentru că în adevăratul sens al cuvântului, asta nu se uită niciodată, deoarece este în tine. Nu poţi uita ceva ce îţi aparţine. Este ca şi cum ţi-ai uita numele. Iar tu acum doar nu mai ştii cine crezi că eşti, nu cine eşti real.

– Asta pentru că în viaţa mea nu m-am limitat să mă raportez doar la mine, ci am căutat să mă definesc prin ceilalţi? l-am întrebat şi aşteptam nerăbdătoare răspunsul lui plin de înţelepciune.

Tot coachingul pe care îl învăţasem până la el, până la discuţia aceasta părea să nu mai reprezinte nimic. Tot ce-am învăţat în atâţia ani în cărţi de dezvoltare personală omul din faţa mea îmi simplifica, în întrebări simple, esenţa existenţei mele. Pe care mie, trebuie să recunosc, îmi plăcuse să o complic.

– Atunci când tu te cauţi în ceilalţi, nu faci altceva decât să fugi de tine. Şi de ce faci asta? Pentru că nu îţi place ce este la tine acasă în sufletul tău. Să-ţi dau un exemplu. E ca atunci când la tine în casă este mizerie şi nu ai chef să faci curat. Şi laşi murdăria să se adune timp îndelungat. Cu cât mai multă se adună, cu atât ţie nu îţi vine să te mai apuci să cureţi. La asta adaugă şi că îţi este foarte foame şi nu ai nimic de mâncare în casă. Pentru că nu te-ai îngrijit să-ţi cumperi singură de mâncare. Şi te împrieteneşti cu cineva care are o casă frumoasă şi curată şi te invită la masă. Ba chiar îţi oferă şi un loc în care să rămâi cât doreşti tu. Pare că acel om îţi face viaţa mai uşoară în locul tău. Tu unde te simţi mai bine? Îţi mai vine ţie să te întorci acasă ştiind ce ai lăsat în urmă? Aşa-i şi cu oamenii. Atunci când ei nu-şi fac mai întâi curat în propria lor viaţă şi nu se îngrijesc de ea, merg în vizită şi se simt bine în rolul de musafir. Şi atunci când gazda nu-i mai primeşte? Ce crezi că se întâmplă? Ei nu mai ştiu cine sunt. Sau, mai bine zis, cine credeau că sunt.

Vorbele lui îmi răsunau în fiecare părticică din mine. Brut, direct, asumat, aceste cuvinte mi se aşază ca o temelie sănătoasă şi încep să-mi construiască adevărata mea fundaţie. N-am apucat să fac o analiză prea amănunţită, pentru că el a continuat:

– Iubeşti, nu-i aşa?
– Din tot sufletul, am răspuns.
– Păi şi dacă iubeşti, de ce plângi?
– Pentru că el nu mă iubeşte la fel. Şi pentru că nu-i aici. Şi nici nu ştiu dacă o să fie vreodată.

Şi-a mângâiat de câteva ori barba lungă şi sură, a ridicat din sprâncene şi a continuat să mă privească fix. Simţeam că privirea lui îmi pătrunde în cele mai ascunse gânduri şi că deja ştie ce urmează să răspund.

Mă simţeam transparentă şi aveam impresia că el reuşeşte să vadă în mine tot ce am trăit până atunci. Şi tot ce urma să trăiesc.

Siguranţa cu care îmi vorbea, gesturile atât de calculate şi toată liniştea dintre întrebări. Aşa că mi le-aş fi dorit şi eu să-mi devină calităţi. Să pot fi atât de sigură şi atât de liniştită. Şi să nu mai plâng. L-am auzit dintr-odată continuând:

– Să înţeleg că tu îl iubeşti şi el nu te iubeşte cum ai vrea tu. Dar nu ştii dacă nu te iubeşte deloc. Nu te iubeşte cum vrei tu. Dar iubirea aşa este acum? Condiţionată? Te iubesc dacă mă iubeşti şi tu înapoi?

Am simţit întrebările lui ca un cuţit înfipt direct în inimă. Adânc. Atât de adânc, încât mă întrebam dacă îl mai pot scoate vreodată. Am respirat şi am răspuns încet, ruşinată parcă de cuvintele pe care le gândeam şi care îmi ieşeau pe gură, culmea, din suflet:

– Mi-ar fi plăcut să mă iubească şi el. Şi să mă vrea.

– Eii, asta-i altă poveste! Iubirea pleacă din inima celui care o simte liberă şi necondiţionată. Ea se naşte fără reguli şi fără aşteptări. Ea se oferă pe tavă, cu încredere şi cu bucurie, fără să aştepţi nimic în schimb. Iubirea necondiţionată nu cere nimic la schimb! Ea este şi doar atât! Ea se simte şi doar atât! Fără să o măsori, fără să o numeri sau să o numeşti, fără să te raportezi la ea şi să calculezi ce ţi-a adus înapoi. Iubirea pe care tu o oferi se duce acolo unde tu o trimiţi ca să rămână acolo. Nu ca să se întoarcă la tine cu trofee care să-ţi mângâie ţie trufia. Asta e iubire condiţionată, egoistă. Cu iubirea e simplu! Ori iubeşti, ori nu iubeşti. Nu iubeşti cu condiţii şi nici nu amăgiri.

– Ahhhh! Mă simt atât de mică în comparaţie cu măreţia iubirii! am răspuns cu lacrimi în ochi. Pentru că înţelegeam câtă dreptate are omul din faţa mea.

– Şi te vei simţi mică până în ziua în care vei învăţa să te iubeşti şi pe tine. Atunci când va veni ziua aia, vei învăţa să îl iubeşti şi pe cel din faţa ta fără să aştepţi nimic de la el. Vei învăţa să îl iubeşti necondiţionat, pentru că asta te va face pe tine fericită. Să dăruieşti. Vei simţi împlinire mai multă atunci când dăruieşti fără să ai aşteptări. Iar dacă se va întâmpla să şi primeşti ceva înapoi, va fi doar pentru că omul ăla chiar simte şi el cu adevărat să îţi ofere. Pentru că vrea el. Pentru că aşa îi este şi lui bine şi pentru că asta îl face şi pe el să fie fericit. Să ofere. Şi nu pentru că i-o ceri tu.

Toată discuţia despre iubire îmi arată cât de puţin am ştiut până atunci despre ceva ce, teoretic, aveam în mine şi ar fi fost natural să ştiu să o ofer… iubirea! Eram atât de atentă la fiecare cuvânt pe care călugărul mi-l spunea şi îmi doream mult să nu uit nicio vocală, nicio consoană... Aşa că am zis cu voce tare:

– Aş vrea să ţin minte toată discuţia asta şi să n-o mai uit niciodată!

– Nu poţi uita ceva ce este în tine, mi-a răspuns privind în sus spre cer.

După câteva minute de tăcere, a continuat:

– Iubirea nu poţi să o prinzi în mâini şi să o ţii la tine, chiar dacă este a ta! Uite, încearcă ceva. Prinde în pumni aerul din jurul tău. Poţi?

Pumnul stâng a dat să se mişte şi să încerce să prindă puţin aer, apoi am râs singură de mine pentru că mi-am dat seama că asta este imposibil. Aşa că am zis:

– Nici asta nu pot! Sau nu ştiu cum se face încă!

– Nici n-ai putea. Aşa sunt unele lucruri în viaţa asta care îţi arată că puterea ta e limitată. Că oricât ai vrea tu să prinzi aerul în pumnul tău şi să-l ţii acolo, să fie aerul tău, nu poţi. Iubirea este ca aerul. Nu o poţi prinde. Şi ştii de ce? Pentru că nu este nevoie să o faci! Ea te înconjoară. Este peste tot cu tine, oriunde ai merge şi oricine ai fi. Iubirea, asemenea aerului, nu poţi să o vezi, însă poţi să o simţi. Şi depinde doar te tine dacă vrei sau nu să te umpli de ea.

Ce simplu făcea omul ăsta să îmi pară toată viaţa de până atunci. Cum reuşea el, în câteva fraze, să îmi liniştească sufletul atât de răvăşit în ani de chin. Cum toate păreau că se aşază uşor, de la sine, doar dacă accepţi şi nu te mai împotriveşti. Şi, mai ales, dacă nu îţi mai doreşti să deţii controlul.

– Legat de plâns, mai vreau să-ţi spun un lucru, pentru că te-am văzut cum plângeai. Şi plânsul tău mi s-a părut sincer. Nu toate lacrimile sunt adevărate şi nu toate izvorăsc din inima omului. Unele sunt făţarnice şi caută să obţină foloase. Altele sunt de ciudă şi din egoism. Sunt lacrimi pentru sine, pentru alţii şi pentru Dumnezeu. Atunci când vei pleca de aici, să nu uiţi niciodată că tu nu eşti singură şi că Dumnezeu nu ţi-ar da nimic din ce tu nu poţi duce. Pentru că şi atunci când ceva ţie îţi pare greu şi de nesuportat şi crezi că nu e nimeni lângă tine care să te ajute, de fapt, îl ai pe EL lângă tine.

Şi-a împreunat ambele mâini cu palmele în sus şi mi-a spus privindu-mă în ochi:

– Vezi palmele astea? Aşa te ţine pe tine Dumnezeu în braţe. El te ţine în palmele lui. Iar când îţi pare ceva greu şi trăieşti o suferinţă, EL doar zgâlţâie palmele de jos în sus, dar niciodată nu le desface ca tu să cazi. Palmele Lui rămân mereu apropiate. El îşi clătina palmele pentru ca tu să mai înveţi încă o lecţie despre viaţă şi să ajungi mai aproape de tine. El te învaţă lecţia iubirii necondiţionate.

– Ce bine se simte să ştiu că în orice clipă a vieţii mele nu-s singură şi EL mă ţine în palme!

– Să înveţi să te ţii şi tu în palme, pentru că asta te va scuti de multe suferinţe. Sunt oameni cărora tu o să le oferi iubirea ta necondiţionată, dar nu-i neapărat ca ei să o şi primească dacă nu au nevoie de ea. Nu poţi ajuta un om dacă el nu-şi doreşte să fie ajutat. Este ca atunci când un om se sinucide aruncându-se într-o apă adâncă unde sunt mulţi curenţi. Dacă tu nu ştii deloc să înoţi şi te arunci în apă să-l salvezi, este posibil să mori şi tu odată cu el. Pentru că tu, cu toată forţa şi iubirea ta, îţi doreşti să îl ajuţi şi să-l scoţi din apă. Însă el nu vrea asta. A decis deja că vrea să moară şi tu nu îi mai poţi schimba dorinţa. Nu-l poţi convinge să facă altfel. Şi dacă el este mai puternic decât tine, el te trage spre el, spre moarte.

Am tresărit. În timp ce îl ascultam, prin suflet mi se derulau deja secvenţe cu mine, în rol de salvator, de pe vremea când îmi doream să schimb ce nu trebuia schimbat. Călugărul mi-a observat reacţiile şi a continuat:

– Aşa-i şi în viaţa care te înconjoară. Nu poţi ajuta pe nimeni, în primul rând, el nu vrea să se ajute pe sine şi nu are nevoie de ajutorul tău. Nu-i poţi încălca liberul arbitru, însă poţi face ceva pentru el, pentru acel om pe care poate îl iubeşti, dar care alege să îşi trăiască viaţa altfel decât ţi-ar plăcea ţie să o facă.

– Ce pot face?

– Poţi să te rogi pentru el şi poţi să îi doreşti binele. În gândul tău, în sinea ta, fără ca măcar să i-o declari. De altfel, pentru fiecare om care te înconjoară ţi-ar face bine să ai câte un gând bun. Dacă ţi-e şi drag omul ăla, poţi adăuga şi o vorbă bună. Dacă ţi-e şi mai drag, poţi adăuga şi o faptă bună. Însă astea nu ţi le propui, ci le faci aşa cum ţi le dictează inima ta. Şi când inima ţi-e plină de iubire necondiţionată, n-avea tu grijă că ştie ea cel mai bine când şi ce anume să-ţi vorbească.

– Deja mă simt cu un pas mai aproape de inima mea. E linişte în mine şi nu mă mai doare nimic.

– Pentru că, de fapt, pe tine chiar nu te durea nimic, ci doar închipuirea ta. Ceea ce credeai tu că eşti şi că simţi, şi nu ceea ce eşti, de fapt, şi ce simţi.

– Acum înţeleg cuvintele de la început când am zis că nu mai ştiu cine sunt.

– Şi eu ţi-am răspuns că nu mai ştii cine crezi că eşti.

Am zâmbit şi am dat să mă ridic. Mă simţeam uşoară şi nimic nu mai atârna greu în mine. Mă încărcasem cu iubire şi cu vorbele lui înţelepte. Am aflat cât de aproape sunt de mine şi că Dumnezeu mă ţine în palmele lui. Mi se părea că am primit de la viaţă mai mult decât îmi imaginam că este posibil. Mi-am privit ceasul şi atunci am realizat că au trecut mai bine de cinci ore. Eram convinsă şi puteam să pariez că nu a trecut mai mult de o oră, însă atunci am aflat că starea de prezenţă este soră cu starea de flux. Te deconectează de la tot ce-i în jurul tău ca să te conecteze la tot ce-i în tine.

– Înainte să pleci, aş vrea să-ţi mai spun un lucru. În viaţa pe care tu o s-o trăieşti, o să întâlneşti tot felul de situaţii. Pe unele ai să ştii să le rezolvi uşor şi frumos, dar pe unele te va ajuta să nu te încăpăţânezi tu să le rezolvi.

– Păi, şi ce să fac? Să le las să se rezolve de la sine? Să mă fac că nu există sau să le accept aşa cum sunt fără să simt nevoia să mă implic?

– Să-ţi dau un exemplu şi tu ai să înţelegi ce este de înţeles, aşa cum decodifică limbajul tău mesajul meu. Eu nu-ţi zic ce să faci, ci doar să-ţi aminteşti că puterea ta este limitată. Aşa a fost creat omul, pentru ca el să îşi înţeleagă propriile limitări. Să zicem că ai în faţa ta un sac de două tone. Şi tu îţi doreşti din tot sufletul să-l ridici şi oricât te învârţi în jurul lui, nu reuşeşti să-l ridici. Nici măcar să-l muţi din locul lui. Dar tu chiar vrei să îl ridici. Însă nu ai la îndemână decât două mâini şi forţa corpului şi nu pare că îţi sunt suficiente. Aşa că ai două variante: fie te chinui şi te chinui şi sacul tot acolo rămâne şi continui să depui efort, deşi tu ştii că el nu se va muta niciodată, fie accepţi că nu poţi face asta. În viaţa pe care tu o s-o trăieşti, o să îţi fie mai uşor să identifici acei saci pe care este mai bine să îi laşi la locul lor şi să îţi continui viaţa ta. Să nu te preocupi că vei găsi în drumul tău şi saci mai mici pe care vei putea să îi ridici. De ce? Pentru că aceia vor fi sacii tăi.

Ochii mi s-au umplut imediat de lacrimi. Câţi saci am încercat să mut şi care nici măcar nu erau sacii mei! Câtă viaţă mi-am irosit pe unii dintre acei saci şi câte lacrimi au curs atunci în neputinţa mea! Cât de lipsită de ajutor m-am simţit în toate acele situaţii care îmi păreau atunci fără ieşire. Şi cât de eliberată mă simţeam acum când aflam că, de fapt, sacii aceia nu erau ai mei. Pentru că atunci când i-am lăsat în cele din urmă în spate şi am refuzat să îi mai ridic cu preţul vieţii mele, vinovăţia a avut grijă să mă urmărească şi să mă saboteze să mă întorc şi să mai încerc. Că poate sacul o să se mişte măcar o dată dacă nu o să-l pot ridica.

M-am întors de câteva ori şi am plecat în cele din urmă, de tot, atunci când de-abia am mai avut putere să merg şi să las sacul în urmă. Niciunul dintre acei saci nu era sacul meu!

Am ieşit din mănăstire şi am rămas preţ de câteva minute singură pe o bancă. Priveam spre munţii din faţa mea şi mă simţeam liberă şi eliberată. Vântul îmi atingea firele de păr, dar acum ştiam că nu era el, de fapt. Era iubirea. Cea pe care eu am încercat să o închid în pumnii mei mici ca să fie doar a mea. Acum eram înconjurată peste tot de ea şi mă însoţea oriunde m-aş fi dus. Aşa că am respirat adânc de câteva ori şi am rugat-o să îmi intre în suflet şi să mă umple toată de ea. Să îmi rămână atât cât eu o să ştiu să o preţuiesc şi să plece atunci când la mine nu îi mai este bine şi nu se mai simte necondiţionată.

Gândul mi-a fugit la el şi la cum am ştiut eu să-l iubesc până atunci. Cu multe condiţii şi în cel mai egoist mod posibil. Apoi, mi-am amintit de cum mă iubea el. Liber şi fără condiţii. Dar aşa-s oamenii, diferiţi. Unii învaţă mai devreme despre iubirea necondiţionată, alţii mai târziu şi îi ajung pe cei dintâi din urmă, iar alţii nu învaţă niciodată. Iar eu făceam parte din categoria celor care au învăţat mai târziu cum e cu iubirea asta. Sau poate nu mai târziu, ci exact în momentul în care ştiam cu adevărat să preţuiesc ceea ce trebuie preţuit.

Am ridicat privirea către cer şi mi-am văzut ochii în culoarea lui. Noi doi părea că semănăm atât de mult. Amândoi sus, liberi şi plini de iubire. Şi de viaţă de trăit în continuare.

Oare el ce mai face? Oare îşi mai aminteşte de mine?

Dar dacă doi oameni odată s-au iubit mult, înseamnă că ei, chiar dacă fizic nu mai sunt unul lângă celălalt, simt la fel, nu?

Am zâmbit şi mi-am dat seama că partea egoistă din mine îşi lua rămas-bun şi aveam să o las pe banca aceea pentru totdeauna. M-am ridicat liberă şi plină doar de iubire necondiţionată. Am păşit pe alee şi în timp ce mă îndepărtam de mănăstire, simţeam cum, cu fiecare pas, las acolo tot ce era vechi şi plec cu mine, cea nouă.

Am lăsat acolo ceea ce credeam eu că sunt şi am plecat de mână cu cea care eram cu adevărat. Mi-am zâmbit mie şi i-am zâmbit în suflet şi lui, bărbatului meu drag. De data asta necondiţionat fără să aştept nimic în schimb. Nici măcar o emoţie.

Sunt multe iubiri
Şi eu te-am vrut în toate
Sunt încă pe-atâtea trăiri
Dar încă nu se poate.

Iubirea te învață să te aşezi
Să te agăți de-o ață şi să croşetezi
Încet, încet, o viață, în care tu crezi.

10

Nimeni nu pleacă de acolo de unde este locul lui. Şi dacă totuşi o face, mai devreme sau mai târziu se întoarce acasă. În inima lui.

Iubire, arată-mi drumul către mine

„Rugăciunea nu este o cerere. Ea este dorul unui suflet. E recunoașterea zilnică a propriei slăbiciuni. Este mai bine să ai o inimă fără cuvinte decât cuvinte fără inimă."

(Mahatma Gandhi)

Dintre toate lecţiile pe care viaţa mi le-a oferit până acum, lecţia mea preferată rămâne cea despre iubirea de sine, necondiţionată pe care am aflat-o destul de târziu şi după ce am trecut prin suficient de multe încercări. Însă şi când mi s-a aşezat în suflet, am simţit că va rămâne acolo pentru totdeauna şi îmi va fi călăuză şi prietenă bună. Atunci când am învăţat pentru prima dată să mă iubesc, am făcut-o fără să-mi dau seama şi fără să-mi doresc neapărat acest lucru. Iubirea de sine, în cazul meu, a apărut ca rezolvare la o nevoie disperată pe care o simţeam în propria mea viaţă, aceea de singurătate.

Oricâte metode am încercat, niciuna nu a fost în stare să îmi rezolve problema care îmi atârna cel mai greu în suflet – singurătatea de sine. Dar ea, iubirea, a reuşit într-un mod miraculos tot ce nimeni până la ea nu a putut. Să mă facă să mă simt bine cu mine. Şi suficientă.

În toată căutarea mea către mine, în fiecare încercare de a descoperi cine sunt cu adevărat, iubirea de sine a fost singura care mi-a deschis uşile care erau încuiate în suflet cu lacăte mari şi ruginite. Ea a fost în stare să construiască în interior tot ce eu am reuşit să distrug prin neiubire şi dezinteres.

Într-o zi, am simţit cum inima mă doare. Şi nu era o durere pe care am mai simţit-o până atunci, ci acum aveam o senzaţie nouă. Ca şi cum cineva se chinuia să evadeze din inimă şi încearcă să iasă de acolo.

Simţeam fiecare mişcare şi nu ştiam ce se întâmplă. M-am aşezat în locul în care obişnuiam să îmi scriu visurile şi atunci am auzit şoptit timid:

– Hei, sunt eu, inima ta! Ai puţin timp să mă asculţi şi pe mine?

Am tresărit şi m-am ciupit de braţul stâng. Nu ştiam dacă este real sau visez. Însă ea a continuat:

– Cred că acum tu eşti cu adevărat pregătită să mă cunoşti şi să te învăţ cum funcţionez eu. Sunt mai simplă decât crezi, nu am aşteptări şi nici nu îţi cer nimic la schimb. În mine sunt toate răspunsurile, nu te las singură în nicio situaţie, însă un singur lucru ajută să-l faci tu. Un singur lucru depinde doar de tine, iar pe restul le fac eu.
– Ce anume?
– Să crezi cu adevărat în mine şi în puterea pe care o am eu şi pe care o poţi avea şi tu dacă o primeşti în dar.

– Dar eu cred în tine! Şi te-am ascultat mereu! i-am răspuns hotărâtă.
– Ştii că nu-i aşa! Dacă ai fi crezut în mine şi ţi-ai fi făcut timp să mă cunoşti, erai de mult o femeie fericită aşa cum ai visat mereu. Tu n-ai făcut asta. M-ai dat mai tot timpul la schimb pentru ceva. M-ai umplut cu dragostea pentru alţi oameni mai mult decât să mă umpli cu dragostea de la tine. De parcă eu aş fi fost inima lor, şi nu a ta. Ai renunţat la mine în multe dăţi atunci când ai

ales să îţi asculţi orgoliul. Ai făcut de multe ori strategii logice în iubire când, dacă mi-ai fi rămas mie alături, eu te-aş fi învăţat ceva simplu. Despre esenţa ta de femeie şi despre autenticitate. Ai murdărit iubirea asta frumoasă pe care o ai pentru bărbatul tău drag cu mii de aşteptări şi condiţionări. Uneori ai fost rea, răzbunătoare şi egoistă. Iar alteori te-ai pus pe primul loc exact în situaţiile în care locul tău era în coada clasamentului.

– Dragă inimă, opreşte-te puţin! Observ că eşti tare supărată pe mine şi aş vrea să le luăm mai uşor pentru că prea mi le dai aşa pe toate deodată. Ce s-a întâmplat, de fapt?

– Ştii, Dumnezeu îi aşază omului în piept o inimă pentru ca el să înveţe ce este iubirea. Acesta este rolul meu. De asta mă aflu eu în tine. Ca să îţi ofer viaţă. Eu sunt însăşi viaţa. Şi iubirea este viaţă. În lipsa ei, deşi crezi că eşti vie, tu ai murit de mult pe dinăuntru. Şi deşi toţi oamenii au câte o inimă şi ea abia aşteaptă să fie umplută cu iubire, nu toţi oamenii ţin cont de asta. Sunt oameni care trăiesc o viaţă întreagă fără să simtă că au o inimă care le bate în piept. Aceia nu învaţă niciodată despre iubire, iar inima loc începe să bată foarte încet, abia că o mai poţi auzi sau simţi. Ea continuă să bată sperând că omul se va întoarce într-o zi cu faţa şi către ea. Se face mică, se contractă, pentru că e goală şi omul respectiv nu a pus nimic în ea.

– Zău că nu înţeleg exact ce vrei să-mi spui! Atâtea metafore...

– Hai să-ţi dau un exemplu! Ştii cum arată o pungă, nu?

– Hahaa, normal că ştiu!

– Bun. Ştii cum arată şi o pungă goală şi o pungă în care sufli şi o umpli cu aer?

– Da, ştiu şi asta.

– Perfect. Să-ţi spun ceva. Noi, inimile, suntem de două feluri: inimi goale (asemenea pungilor în care nu este nimic) şi inimi în care omul îşi suflă propriile emoţii şi trăiri (unii suflă iubire, admiraţie, preţuire, iar alţii ură, ranchiună, invidie). Fiecare om este responsabil de cum îşi umple propria-i pungă şi, mai ales, de conţinutul pungii sale.

M-am blocat şi o secundă mi-a fost teamă să îmi întreb inima cu ce era ea plină. Însă voiam să aflu răspunsul chiar de la ea, pentru că a venit ziua să îmi înfrunt propriile limite şi să îmi construiesc o viaţă nouă. Şi dacă era nevoie, chiar şi o inimă nouă. M-am gândit că dacă mi-am umplut inima cu ce trebuia şi cu ce avea ea nevoie, acum aveam să aflu şi să mă ocup personal de asta. Tot ce îmi doream era să nu fie prea târziu şi să mă lase să o recâştig. Părea destul de supărată pe mine, dar trebuia să existe o cale de împăcare. Până la urmă, era propria mea inimă. Propria mea viaţă. Însăşi iubirea necondiţionată. Aşa că am continuat dialogul cu ea:

– Tu de ce eşti plină, inima mea?

– Chiar vrei să afli asta? mi-a răspuns uşor ironică. N-aş fi crezut până atunci că şi inima cunoaşte ironia. Deşi la câtă îi arătasem eu până la momentul ăla... era evident că ştie mai tot ce ştiu şi eu.

– Dacă tot avem discuţia asta, mi-ar plăcea să te cunosc mai bine, să îmi aflu greşelile şi să le repar. Chiar îmi doresc să îţi ofer ceea ce meriţi. Vreau să învăţ cum să fiu mai bună şi cum să mă iubesc. Şi cum să îl iubesc şi pe necondiţionat. Dar necondiţionat, am spus.

– Bag de seamă că îţi plac lucrurile mari şi ai obiceiul să te arunci cu capul înainte. Eu când ţi-am spus la început că mai mult ai ţinut cu raţiunea decât cu mine, te-ai supărat. Ai răbdare că astăzi, vrei nu vrei, îţi voi spune tot ce trebuie să ştii despre mine. Şi doar de tine va depinde ce vei face cu informaţiile astea. Tu şi doar tu eşti direct răspunzătoare de tot ce se află şi în mine, şi în viaţa ta.

– Bine, promit să nu iau nimic personal şi să te ascult.

– Fără să implici raţionalul deloc între noi? Poţi tu oare asta?

– Hai, nu mă mai chinui! Am înţeles că te-a supărat asta. A trecut. Fără să implicăm mintea în discuţia noastră. O să vorbim ca de la femeie la inimă. Doar noi două. Şi discuţia asta aici va rămâne pentru totdeauna.

– Să începem atunci. Aşază-te comod, pentru că urmează o discuţie lungă. Sper şi plăcută de ambele părţi.

– Te rog! Te ascult.

M-am aşezat confortabil şi am zâmbit. Recunosc că mi-a fugit puţin gândul şi mi-am zis în sine mea: tare simpatică inima asta a mea! Şi îndrăzneaţă. Îmi place de ea. Sigur iese ceva bun de aici. N-am apucat să îmi continui prea mult dialogul interior că am auzit-o strigând:

– Te aud! Tu tot n-ai învăţat că tu eşti eu şi eu sunt tu? Că suntem atât de legate, încât orice simţi tu simt şi eu? Şi orice crezi tu despre mine cred şi eu la fel?

– Bine, iartă-mă! Să începem. Spune-mi tot ce ai vrea tu ca eu să aflu despre tine. Fără să mă menajezi în niciun fel. Sunt pregătită.

– Simt că eşti pregătită. Dacă nu aş fi simţit asta, discuţia asta nu ar fi avut încă loc. Am aşteptat momentul potrivit şi se pare că el a venit. Azi. Acum.

Am zâmbit şi m-am relaxat. Mă simţeam foarte bine şi aşteptam curioasă să îmi cunosc inima. Nu m-a lăsat să aştept prea mult, că am şi auzit-o cum începe cu o voce stinsă şi tristă. N-aş fi crezut că şi inima are o voce a ei care îmi seamănă atât de bine:

– La început, nu m-ai iubit deloc. Aveam impresia că nu mă vrei deloc şi mă făceai să mă simt în plus. Ba chiar credeam că dacă ai putea să mă scoţi din tine, ai face-o. Nu înţelegeam de ce te porţi aşa cu mine şi de ce nici măcar nu îţi faci timp să mă priveşti. Simţeam că îmi trimiţi doar ură şi dispreţ şi nimic nu părea să te mulţumească. Erai mereu pe fugă, neliniştită şi tristă. Plângeai mult şi, sincer, nu prea înţelegeam eu de ce. Probabil că asta era treaba raţiunii, şi nu a mea. Apoi, a venit o vreme când ai devenit delăsătoare şi mă întrebam dacă mai eşti acasă. Părea că mereu eşti plecată în alte vieţi şi că a ta nu prea te mai interesează. Uneori te auzeam vorbind despre mine doar ca denumire şi nu foloseai cuvinte frumoase ca să mă descrii. Iar eu, atunci când aflam cum crezi tu despre mine, mă făceam mică şi mă stingeam. Credeam că dacă nu o să mai bat atât de tare, o să te întrebi într-o zi dacă mai exist, dacă mai sunt în tine. N-a funcţionat. Erai atât de absentă, că orice aş fi făcut nu aveai ochi şi pentru mine. După ce erai plecată o perioadă lungă de timp să vindeci alte inimi, te întorceai şi la mine. Doar ca să te plângi că nimeni nu îţi recunoaşte meritele. Nu-mi plăcea deloc să te văd victimă şi îmi era ciudă pe tine. Atunci începeam să bat mai tare şi să-ţi amintesc că mă ai pe mine şi că nu trebuie să te simţi singură. Pentru că nu eşti. Dar ce folos! Tot singură alegeai să rămâi departe de mine. Iar eu iar mă stingeam şi începeam să bat mai lent. Atunci când te-am văzut plecată în alte inimi, am fost geloasă. Şi ştii de ce? Pentru că inimile alea în care tu ai vrut să te duci nu te voiau. Iar eu simţeam asta. Tu nu. Am suferit odată cu tine, am plâns odată cu tine şi au fost momente când trebuic să-ţi spun că mi-a fost frică că nu o să te mai întorci niciodată către mine. Că o să alegi să te arunci în alte inimi care o să-ţi pară mai frumoase decât mine, eu cea care păream pentru tine doar o amintire.

Pe măsură ce o ascultam vorbind, lacrimile începeau să-mi curgă pe obraji fără să le pot opri. Avea atâta dreptate şi mă regăseam în fiecare cuvânt. Îmi venea să o iau în braţe şi să-i spun că o iubesc. Să mă ierte pentru ignoranţa mea. Şi, mai mult, să mă ierte pentru că am văzut alte inimi mai frumoase decât ea. Dar inima simte tot şi eu încă nu mă obişnuisem cu asta, aşa că ea a completat:

– Nu este încă momentul să plângi, pentru că mai am de spus. Hai, revino-ţi şi să continuăm! Mai este multă viaţă de povestit din punctul ăsta. Şi nu mai simţi asta că mă faci şi pe mine să le retrăiesc.

– Să continuăm, am răspuns suspinând.

– Odată m-ai supărat atât de tare şi am suferit mult. Te-am auzit strigând în tine tare, de am tresărit toată, că nu-ţi mai trebuie inima asta care doar te doare! Ce folos că o ai, că nu-ţi aduce nimic bun şi că din momentul ăla nu ai să mai ţii cont de ea! Şi o să fii rece. Tu atunci vorbeai de mine, ştii? Tu ai vrut să renunţi la mine şi chiar ai fost aproape să reuşeşti să faci asta. Eu însă niciodată nu am făcut-o! Tu mie doar mi-ai cerut încontinuu. Ceva ce eu oricum nu puteam să-ţi dau. Pentru că nu ţinea de mine. Dacă aş fi putut eu să-ţi ofer ţie tot ce voiai tu, aş fi făcut-o, pentru că eu te-am iubit pe tine necondiţionat în fiecare bătaie a mea şi în fiecare respiraţie a ta. Tu doar mi-ai cerut fără să îmi oferi niciodată nimic şi fără să ai grijă de mine. Eu, în schimb? Nu ţi-am cerut niciodată ceva şi ţi-am oferit totul. M-am oferit pe mine. Dar ce târziu m-ai simţit!

În timp ce ea povestea, eu retrăiam momentul vieţii mele în care am gândit să renunţ la ea. Îmi părea rău şi ea simţea asta. A continuat:

– Te-am iertat şi am mers înainte. Erai tânără şi naivă şi am spus că meriţi să-ţi mai dau o şansă. Şi încă una, şi încă una. Până când o să te întorci la mine şi o să mă vrei. Şi o să mă iubeşti aşa cum te iubesc şi eu pe tine.

– Şi am făcut-o vreodată până acum? A fost vreo zi în care tu te-ai simţit iubită necondiţionat?

– Da! Doar că mai ai puţină nevoie de ajutor şi de asta sunt astăzi aici şi îţi povestesc toate astea. Mai ai puţină răbdare. Că te ştiu eu pe tine. Prea le vrei pe toate pe fugă că nu mai ai răbdare să le trăieşti. Dar este vreme. Şi încă multă. Să revenim la mine, inima ta, cea lăsată deoparte pentru că tu erai prea ocupată cu planurile măreţe ale altora.

– Să revenim.

– Când ai început să-l iubeşti pe el, a fost prima dată când m-am bucurat. Pentru că era diferit cum mă făceai acum să mă simt. Tot atunci a fost prima dată când te-am văzut fericită şi te-am auzit cântând. Apropo, să ştii că ai o voce foarte frumoasă şi îmi place mult când cânţi. Îmi transmiţi şi mie o stare de linişte şi de relaxare. Aşa cum îi place unei inimi, de altfel, să fie tratată. Atunci când te-ai îndrăgostit de el, ai început să trimiţi către mine dragostea ta pentru el. Eram mulţumită şi cu atât. Aş fi vrut, în egală măsură, să-mi trimiţi şi iubire pentru tine. Însă am observat că încă nu ştiai cum să o faci. Mă bucuram şi eram fericită însă că măcar pentru prima dată simţi iubire pentru cineva şi nu mai fugi de ea, ci o păstrezi la noi acasă. Apoi iubirea pentru el a devenit atât de multă, încât nu mai era loc la mine s-o pot cuprinde pe toată. Să-ţi spun sincer, nici nu ştiam că-s atât de încăpătoare şi că mă pot reinventa doar ca să-ţi fac ţie pe plac şi să nu risipesc iubirea asta pentru el, vedeam că te face fericită cu adevărat. Iar eu pe tine te ştiu din toţi anii tăi şi niciodată nu te-am văzut atât de fericită. Apoi ai trimis atât de multă iubire pe care o simţeai pentru el, că eu m-am umplut toată şi nu am mai avut loc pentru iubirea ta pentru mine. Atunci iar am devenit puţin tristă. Pentru că deşi te vedeam fericită că-l iubeşti, tu ai avut grijă să trimiţi către mine doar iubirea pentru el. Iar iubirea pentru tine nu o vedeam nicăieri. După o perioadă, am observat că nu ai mai fost fericită şi că ai început să plângi iar. Diferenţa era că acum eu eram plină toată la capacitatea mea maximă de iubirea pe care o simţeai pentru el. Ştiam de ce plângi. Pentru că, în lipsa lui, iubirea pentru el nu-ţi era suficientă. Ai fi putut să rezişti doar dacă ai fi avut şi iubire pentru tine. Şi dacă-mi dai voie să-ţi spun părerea mea, eu cred că ăsta a fost şi motivul pentru care el a ales atunci să plece. Pentru că a simţit că tu îl iubeşti doar pe el şi pe tine nu ştii deloc s-o faci. Iar oamenii frumoşi sunt cei care au grijă, în primul rând, de propria lor inimă.

O înţelegeam atât de bine şi, pe măsură ce o ascultam, toată ceaţa de pe ochi mi se dădea la o parte. Totul devenea acum mai clar şi eu păream că mă duc tot mai aproape de ea, de inima mea. Că încep să o iubesc cum n-am ştiut că poate exista iubire pe lumea asta. Şi ea cred că simţea, pentru că acum tonul vocii îi era blând şi iubitor. Semăna cu vocea unei mame care îşi dezmiardă la sân puiul.

– Atunci când ai început să pleci în căutarea ta şi să-ţi pui primele întrebări legate de identitatea ta şi de ce anume te face pe tine fericită cu adevărat, am simţit că mă îmbăt cu toată iubirea pe care o aveam pregătită pentru tine şi pe care urma să ţi-o ofer pe drumul pe care urma să-l parcurgi ca să te regăseşti. Ştiam că va fi o călătorie frumoasă, cea mai frumoasă a ta de până atunci, şi eram bucuroasă că de data asta aveam să-ţi fiu şi eu alături. Şi nu m-am înşelat. Atunci când ai rămas singură, nu ai mai plecat de acasă, ci ai rămas mai prezentă ca oricând să înfrunţi tot ce simţeai în tine. Eram aşa mândră de tine şi simţeam că o să ieşi învingătoare! Te-am admirat mult în dăţile în care te-ai ascuns în mine şi ai început încet-încet să vrei să-ţi faci loc şi ţie printre iubirea pe care o simţeai pentru el. Mi-a plăcut mult că ai învăţat că iubirile nu se exclud şi că eu, inima ta, sunt cea mai fericită atunci când în mine este în egală măsură şi dragoste pentru el, dar şi dragoste pentru tine. Cu fiecare trăire de-a ta în care deveneai conştientă de ceea ce eşti cu adevărat, zâmbeam şi te iubeam. Atunci băteam mai tare şi tu ai început să mă recunoşti. Puneai mâna dreaptă pe mine şi te priveam cum zâmbeşti. Ba, de la un timp, ai început să-mi vorbeşti frumos că mă topeam toată şi iar băteam tare cu putere. Cu fiecare gest de afecţiune pentru mine, tu m-ai readus la viaţă. Am plâns cu tine de fericire în ziua în care te-ai luat pentru prima dată în braţe şi te-ai privind în oglindă. Mai ştii ce ţi-ai zis atunci?

– Mi-am zis că mă iubesc mult şi că nu o să mă mai las niciodată singură. Că este prima zi în care mă simt plină de mine şi îmi sunt suficientă. Că sunt cel mai frumos om pe care îl ştiu şi că sunt mândră de mine. Şi că sunt pregătită să trăiesc din nou.

– Ştii cum simţeam eu atunci? Cum nu am mai făcut-o vreodată, pentru că atunci a fost ziua în care tu m-ai preţuit cu adevărat şi ai crezut în mine. Iar de atunci, să ştii că fără excepţie, nu ai mai renunţat niciodată la mine şi m-ai pus pe primul loc. Aia a fost ziua în care tu te-ai iubit cu adevărat pe tine. Şi tot din ziua aceea ai învăţat să îl iubeşti şi pe el necondiţionat.

– Chiar, tu ce simţi pentru el? Bărbatul pe care îl iubesc eu cel mai mult. Ca pe mine însămi.

– Mă bucur mult când mă întrebi pe mine despre iubire şi nu îţi mai întrebi mintea. Că asta e treaba mea şi eu ştiu să te ajut cel mai bine. Şi să mai ştii că eu niciodată nu o să te mint.

– Zi-mi!!!! Cum simţi pentru el?

– Din primul moment în care eu am bătut pentru el, am bătut aşa cum am făcut-o şi pentru tine. A fost primul bărbat pentru care eu am bătut la fel cum bat pentru tine. Şi atunci eu am simţit că el este bărbatul vieţii tale şi că, mai devreme sau mai târziu, iubirea dintre voi o să învingă tot. Însă, până în acel moment, şi tu, şi el aveaţi lecţiile voastre de învăţat separat. Ca atunci când vă veţi regăsi, să vă puneţi la un loc inimile voastre pline de iubire. Şi pentru voi, dar şi pentru celălalt.

– O să se întoarcă la mine? Zi-mi drept!

– Orice om se întoarce acolo unde este locul lui, acasă. Iar locul lui este în inima ta, iar locul tău este în inima lui. Mai ai puţină răbdare! Că ştie viaţa cel mai bine cum este cu oamenii mari.

– Ahhhh! Ce fericită aş fi, ştii! Să îi mai văd ochii, să-l sărut şi să mă cuibăresc în braţele lui puternice. Acolo-i locul meu preferat şi acolo m-am simţit mereu în siguranţă. Însă, în lipsa braţelor lui, deşi mi le-am imaginat mereu, am învăţat să mă cuprind cu propriile mele braţe.

– El a trebuit să plece ca tu să înveţi să te iubeşti pe tine în lipsa lui. Dacă el nu ar fi plecat şi nu ţi-ar fi lăsat acest spaţiu gol, tu ai fi fost mereu preocupată să-l iubeşti doar pe el. Uneori, oamenii se sacrifică din iubire şi ne învaţă despre ea în lipsa lor. Ştii de ce?

– De ce?

– Ca atunci când se întorc acasă, să găsească un om care a învăţat să se iubească pe sine. Pentru că numai după ce un om cunoaşte iubirea de sine, este cu adevărat în stare să iubească şi pe altul. Altfel, crezi că este iubire. Însă nu este iubirea adevărată, necondiţionată. Iar tu eşti o norocoasă că le-ai cunoscut pe amândouă. Şi te întreb: în care formă de iubire te simţi cu adevărat fericită? În forma în care îl iubeai doar pe el, şi pe tine deloc? Sau în forma în care îl iubeşti pe el ca pe tine însăţi?

– În cea în care îl iubesc şi pe el, şi pe mine, în egală măsură. Şi acum ştiu că pe locul 1 pot sta şi doi oameni. Că ei pot împărţi şi un premiu şi o inimă şi un pat. Că atunci când este iubire adevărată, ea nu trebuie căutată şi explicată, ci simţită, trăită şi ascultată. Şi, da, ai dreptate! Nimeni nu pleacă de acolo de unde este locul lui. Şi chiar dacă o face, el se întoarce, mai devreme sau mai târziu, acasă. Iar inima chiar înseamnă acasă.

– Acum pot să îmi văd liniştită de activitatea mea. Te-ai întors la tine şi la mine. Facem o echipă bună şi ne avem una pe alta. Şi vrei să-ţi mai spun ceva?

– Ahhh! Cum se simte! Ce repede ştii să baţi!

– Dintre toţi oamenii în care aş fi putut să fiu, să ştii că din tine mi-am dorit să fac parte! Sunt mândră de tine şi îţi mulţumesc că ai avut încredere în mine! Îţi promit că niciodată nu o să te dezamăgesc şi o să am grijă ca nici tu să nu te mai dezamăgeşti vreodată.

– Inima mea dragă, te iubesc! Şi îţi mulţumesc pentru că mi-ai rămas alături! Eu îţi promit că o să am grijă de tine şi o să te umplu numai cu sentimente şi emoţii pentru care tu să baţi mai tare.

– Să ştii că poţi să mai şi greşeşti! Eu o să te iert şi o să te iubesc necondiţionat, oricum. Că doar ăsta este rolul meu. Acum sunt însă fericită că ai învăţat să o faci şi tu. Suntem două în treaba asta. Şi fugi, că ai treabă! Trăieşte frumos şi oferă necondiţionat! Şi ai încredere în iubirea lui pentru tine.

– Niciodată nu m-am îndoit şi tu ştii asta mai bine ca oricine. Au fost dăţi când m-am îndoit de mine, dar de el niciodată.

– Ştiu! Dar acum a venit vremea să nu te mai îndoieşti niciodată nici de tine. Sunt aici şi rămân!

– Mulţumesc pentru cea mai frumoasă lecţie despre iubire! Chiar te pricepi bine de tot la asta!

Am deschis agenda şi am scris:

Viață, sunt pregătită!
Învață-mă despre iubire!

11

Şi dacă totuşi, o să-mi mai
crească alte aripi,
o să mai pot să zbor?
Oare mai ştiu
cum se face asta?
Dacă am să cad şi am să mă
dezamăgesc încă o dată?

Abia după ce l-am iubit pe el necondiționat, am știut să mă iubesc și pe mine

„În iubire nu este frică, ci iubirea desăvârșită alungă frica, pentru că frica are cu sine pedeapsa, iar cel care se teme nu este desăvârșit în iubire."

(Ioan 4, 18)

Iubirea pentru el m-a făcut să devin un om mai bun şi să-mi doresc să cresc. Să îmi exploatez potenţialul maxim pe care am simţit dintotdeauna că îl am în interiorul meu, pentru că mi-am dorit ca el să devină mândru de mine. De femeia care îl va oglindi şi în societate, dar şi în momentele lui de introspecţie.

Am vrut să-i fiu cea mai fidelă oglindă pe care ar fi putut vreodată să o întâlnească în această lume şi în toate celelalte în care ştiu că tot pe mine m-ar fi ales să-i fiu alături.

Mi-am dorit ca atunci când se uită în ochii mei, să se vadă pe sine. Şi am reuşit! Iar în toată această călătorie, mi-a devenit tare drag să mă descopăr pe mine prin iubirea pentru el. Ca să pot să îi ofer, la rândul meu, mai mult din ceea ce el merită din plin. Totul meu.

Într-o zi, eu îi voi purta numele
ca pe cel mai de preț diamant.
Îl voi purta în fiecare parte din mine.
Nu doar pe deget.

Numai când îi pronunţam numele sau îl vedeam inima mi se umplea imediat de o emoţie atât de frumoasă şi de plăcută pe care nu reuşeam să i-o transmit în exterior, pentru că mi se părea că toate cuvintele frumoase din lumea asta, în toate limbile câte există sau au existat pe acest pământ, nu pot descrie cum simt eu iubirea pentru el.

Nu am găsit corespondent sau echivalent, aşa că atunci când venea vorba despre iubirea pentru el, mi-am inventat propriile definiţii. Le-am cultivat în mine şi m-am umplut de frumos. Pentru că el, prin ochii mei şi trăit cu inima mea, era superlativ în tot şi în toate şi nu exista nimic mai frumos şi mai bun. Iubindu-l pe el la nivel de măreţie, toată iubirea care îmi izvora acum din suflet mă încărca mai întâi pe mine şi apoi eram în stare să îl iubesc şi pe el.

Frumos şi matur, aşa cum merită un bărbat care îşi iubeşte femeia ca pe sine însuşi. El a ştiut să o facă din prima,. Eu însă am fost nevoită să învăţ cum se face asta. În lipsa lui. Însă a meritat din plin să plece, să se retragă şi să-mi lase loc suficient în care să simt şi să învăţ de la zero cum e cu iubirea, de fapt. Pentru că dincolo de cărţi sau de poveştile auzite despre iubire, fiecare îşi construieşte în sine propria-i formă ideală de iubire. Şi ce sentiment minunat când o şi trăieşte şi ea e reciprocă!

Iubirea pentru el m-a învăţat iubirea pentru mine în ziua în care m-am întrebat:

Pe cine iubeşti tu cel mai mult? Pe el, am răspuns.

Și cum ar fi dacă de astăzi ai începe să te iubești și pe tine exact așa cum îl iubești pe el? Nici mai mult și nici mai puțin.
Cum ar fi dacă ai începe să-ți vorbești și ție așa cum o faci cu el?
Și să te comporți cu tine așa cum o faci deja cu el în mod natural?
Cum ar fi dacă ți-ai oferi și ție atât cât îi oferi și lui?

Atunci am înţeles ce a încercat el din răsputeri să mă înveţe atunci când îmi spunea să mă pun pe primul loc în viaţa mea. Şi când eu, ca o fraieră ce eram pe atunci, o fetiţă naivă, înţelegeam doar că-i indiferent şi că vrea să mă respingă. Şi nu că nu ştie cum să o facă direct, aşa că îmi spune subtil să mă retrag eu către viaţa mea. De parcă asta înseamnă obligatoriu să renunţ la el! Gândeam în lumea mea interioară pe care o aveam pe atunci, mică, ce-i drept, şi foarte limitată, că nu-i loc de doi oameni pe locul 1, că e dovadă de egoism să se ocupe fiecare de fericirea lui şi alegeam să mă simt exclusă şi nedorită. Când tot ce aveam de făcut era doar să fiu matură şi responsabilă.

El încerca încă de atunci doar să mă înveţe cum să mă iubesc pe mine ca să ştiu cum să-l iubesc şi pe el. Pentru că aşa-s oamenii care te vor alături de ei pentru întreaga viaţă. Îţi construiesc părţi care îţi lipsesc, îţi şlefuiesc bucăţile care merită să strălucească şi îţi îngroapă bucăţele care nu merită să mai ocupe spaţiu în tine. Pentru că îşi doresc alături un partener, aşa cum sunt şi ei înşişi.

Am înţeles din iubirea pentru el că atunci când e omul tău, vrei să construieşti în el tot ce-i mai bun. Însă, mai presus de asta, cea mai mare dovadă de iubire este să-i laşi libertatea şi încrederea celuilalt să şi le construiască el singur. Dacă vrea şi dacă poate. Şi dacă asta este important şi pentru el, nu doar pentru tine.

Dar eu am ales varianta lungă, grea şi cu suferinţă. Pentru că oricât de multe scurtături ai căuta, până nu ajungi să simţi că trebuie să faci o schimbare în tine, în lumea ta exterioară, nicio părere din exterior nu poate face nimic. Nici măcar părerea lui. Eu n-am ştiut să mă iubesc prima pe mine, pentru că mai întâi trebuia să simt cum se simte iubirea pură, necondiţionată. Şi, datorită lui, eu am învăţat să fac asta. Şi numai după ce am reuşit să i-o ofer lui am fost capabilă să mi-o ofer şi mie. Pentru că era ceva ce puteam să măsor, să analizez şi să observ dacă fac asta bine sau nu.

Din ziua în care am început să mă iubesc cu adevărat şi pe mine, m-am întors la mine şi am rămas acolo. L-am strigat pe nume şi mi-am dorit mult să-i pot spune şi lui bucuria pe care o simţeam în suflet. Dar el, deşi nu era lângă mine, simţeam că mă aude. Că, într-un fel sau altul, inimile noastre sunt legate una de alta şi îşi vorbesc. Aşa că inima mea a strigat tare către inima lui:

Iubeşte-mă ca în prima zi! Acum merit!

Când o femeie se ridică,
În veci ea nu mai cade înapoi
Şi lasă-n urmă toată frica
Ce-a stat atâta vreme pe umerii ei goi.

12

Cum să-i spun sufletului
că nu se poate când el
nu înțelege reguli?
Cum să-i spun iubirii
să aibă răbdare?
Când iubirea însăşi
e nerăbdare?
Cum să-i cer eu inimii mele
să stea în loc până rezolvăm
noi, oamenii mari, situațiile
din jurul nostru?

Ziua în care m-am întors la mine și am rămas pentru totdeauna

„Iubirea îți acordă libertatea de care ai nevoie și te ajută să fii tu însuți."

(Osho)

M-am trezit liniştită şi sunt la mine în suflet. Aici unde mi-am petrecut ultima perioadă de timp. Aici, în locul în care odată îmi era groază să mă cobor, acum stau mai confortabil ca niciodată şi mă simt acasă. E prima dată când mi-e bine. Mi-e foarte bine.

Corpul îmi este relaxat şi îmi simt fiecare respiraţie. Nu mă mai doare nimic şi e atât de multă lumină peste tot în jurul meu. Şi e şi cald. Reuşesc să mă văd din interior. Îmi pare că sunt cea mai frumoasă femeie pe care o ştiu. Zâmbesc şi sunt mândră de mine. Şi de cea care am devenit.

Toată viaţa pare că mi s-a mutat în interior. E multă bucurie în mine şi mă simt plină de iubire. Mi-e teamă să nu fac un pas greşit pe aici şi să stric ceva din toată armonia asta.

M-am făcut mică în toată lumea mare din interiorul meu şi privesc cu uimire ce univers nemărginit se află în mine.

Şi ce multă viaţă mi-am irosit fiind atentă la detaliile din afara mea. Când minunea era atât de aproape de mine. Era chiar aici. Minunea eram, de fapt, eu.

Oare lumea asta atât de frumoasă din
mine a fost aici dintotdeauna?
Sau oare eu am creat-o?

Ultima dată când mi-am coborât în suflet era diferit şi aş putea să jur că nu-i acelaşi peisaj pe care l-am trăit atunci. Şi, totuşi, eu mă simt confortabil acum şi am sentimentul că sunt aici dintotdeauna.

Mă simt acasă în mine. Nu mai vreau să plec niciodată de aici şi îmi doresc ca asta să-mi rămână mereu lumea mea interioară.

Sunt îmbrăcată într-o rochie albă şi am părul despletit. Zâmbesc şi ochii îmi sunt fericiţi. Albastrul lor e limpede şi, atunci când mă privesc, îmi dau o stare de pace. Îmi ating pielea catifelată şi îmi simt fiecare formă de femeie. Ce mult îmi place de mine! Îmi ador corpul şi îmi vine să mă cuprind toată. Sunt fericită. Tare. Tare de tot.

Nu mă mai simt deloc singură şi am răbdare să petrec timp cu mine, femeia cea nouă. Sunt fascinată de felul în care mă redescopăr şi nu mă pot abţine. Mă iau în braţe şi mă pup. În mine răsună tare, încât zguduie toată liniştea de acolo:

Femeie, ai reușit!
Tu chiar ai reușit să faci ceva bun din tine!
Singură!
Tu singură ai construit ceea ce ești azi!
Te-ai ridicat de pe podeaua aia rece și ți-ai transformat toată cenușa într-un foc de iubire!
Femeie, ești minunată!
Am știut!
Am simțit!
A meritat din plin fiecare lacrimă și suferință!
Acum ești pregătită!
Acum ești suficientă!

Acum e vremea ta!
Ești pregătită să strălucești!
Urcă-te pe podiumul vieții tale și rămâi acolo în fiecare zi!
Acolo este locul tău!
Bine ai venit în viața pe care o meriți!
Uite că a venit și ziua asta!
Ziua în care te-ai întors la tine.
Și, de data asta, pentru totdeauna!

M-am invitat singură la dans şi de data asta am dansat cu mine. Nu am mai dansat cu viaţa. Paşii mi se aşezau natural pe podea de parcă toată viaţa am dansat cu tălpile goale. M-am învârtit, şi rochia albă, lejeră, semitransparentă se unduia odată cu mişcările mele delicate.

M-am ridicat pe vârfuri şi mi-am amintit câteva mişcări de balet. Timp de opt ani mi-a fost pasiune şi, datorită baletului, eram graţioasă şi feminină. În timp de dansam, mi-a trecut prin faţa ochilor întreaga viaţă. M-am revăzut din nou copila cea veselă şi jucăuşă, apoi adolescenta speriată, după aceea fetiţa care încerca să pară femeie şi, la urmă, m-am revăzut pe mine, femeia tristă şi dărâmată la pământ.

Priveam detaşată la întreaga mea viaţă în timp ce continuam să dansez. Faţa îmi era senină şi în suflet îmi era şi mai soare. Nimic din tot ce a însemnat viaţa mea până atunci nu mă mai durea. M-am oprit şi atunci am ştiut că, în sfârşit, venise vremea în care mi-am acceptat povestea de viaţă exact aşa cum a fost ea. Fără să mai simt vreun regret şi fără să îmi mai doresc să mai schimb ceva din tot ce am trăit.

Iar undeva în mine, în zona pântecului, simţeam cum focul vieţii arde mai tare ca oricând. M-am renăscut ca să pot să dau şi eu, la rândul meu, viaţă. Pentru că nu poţi crea măreţie dacă în tine nu este energie. Iar focul, ca să ardă, are nevoie de aer. Iar aerul e însăşi viaţa.

Și, totuși, ce zi e azi?
Ce zi este asta în care eu am revenit la viață?

Am fugit repede în fața calendarului meu cu citate motivaţionale şi am rămas neclintită. Priveam către foaia din faţa mea şi nu mai puteam să scot niciun cuvânt. Nu îmi venea să cred! Chiar aşa să fie viaţa asta?

Într-o zi, fiecare cuvânt pe care l-am scris astăzi
îmi va deveni o poveste frumoasă.
Povestea vieții mele.

Marţi, 13 aprilie.
Iar ceasul meu de pe perete arată ora 13:00.

Iar numărul 13. Acest 13 care mereu mi l-a scos pe el în cale. Numărul 13 cu care a început călătoria mea, care m-a învățat să îl iubesc pe el acum îmi devenea şi zi de referință – ziua în care m-am întors la mine! Am înțeles atunci că viața îmi vorbea şi o făcea aşa cum ştia ea să o facă cel mai bine, subtil, prin semne.

Dacă 13 este parte din mine, atunci înseamnă că un ciclu din viața mea se închide azi, şi asta nu poate fi decât cel mai frumos cadou. Pentru că, după el, urmează să se deschidă un alt ciclu, nou, în care eu voi fi personajul principal. Eu, cea pregătită pentru o viață la superlativ. Însă, rămasă singură, doar cu mine.

Am oftat puțin şi, pentru o clipă, gândul mi-a fugit către tine. De fapt, ce gând! Era inima toată cea care plecase să te caute şi să-ți spună:

Iubeşte-mă ca în prima zi! Sunt aici!

Pierdută în visele cu tine, am auzit soneria și am tresărit. Felul în care ea se auzea sunând mi se părea cunoscut. Dar a trecut prea mult timp ca să fie adevărat. Și totuși? Am închis ochii și am rămas nemișcată. Îmi era frică să merg spre ușă să o deschid. Teamă că, atunci când aș fi făcut-o, nu ar fi fost ce am îndrăznit să îmi imaginez. Așa că am rămas pe loc.

Apoi, soneria a sunat din nou la fel. La fel cum obișnuiai tu să o faci atunci când îmi apăreai în ușă. Și în brațe. Inima îmi bătea tare și îți simțeam prezența. Îți auzeam respirația și nerăbdarea. Dar dacă doar visam și toate erau numai în mintea mea?

Am făcut timid doi pași spre ușă și m-am împiedicat de rochie. Am privit spre podea și am simțit că locul meu nu mai este de mult acolo. Privirea mea nici nu mai știa să privească în jos, ci doar înainte. Am tras aer în piept și am apăsat pe clanță. Până am deschis ușa, mi s-a părut că au trecut ani. O veșnicie mi s-a așezat în cale. Iar când în sfârșit am reușit să fiu în pragul ușii, te-am văzut pe tine acolo.

Lacrimile au început să îmi curgă fără ca măcar să îmi dau seama de asta. Diferite emoții îmi alergau prin suflet. Eram fericită și speriată, în același timp. Fericită că ai venit și speriată deoarece îmi era teamă că o să pleci.

N-am știut cum să reacționez altfel decât să rămân nemișcată. Dar în ochi și în inimă mi se citea toată iubirea pe care o adunasem pentru tine. Îmi venea să te sărut și să te îmbrățișez. Îmi fusese atât de dor de mirosul tău! De gesturile tale, de vocea ta, de zâmbetul tău. De iubirea ta frumoasă de bărbat bun. De tot ce era al tău și de tot ce eu cunoșteam la tine atât de bine.

Tu ai rămas la fel de nemișcat ca și mine. Mă priveai atât de diferit de cum ai făcut-o vreodată până atunci. Ți-am văzut lacrimile în ochii albaștri și atunci am simțit că mor. Orice durere puteam să duc în suflet, dar să te văd pe tine plângând era ca și cum cineva mi-ar fi tăiat bucăți din mine cu o sabie.

M-ai luat de mână și lumea mea s-a oprit în loc. Aceeași senzație pe care am simțit-o atunci când m-ai luat pentru prima dată de mână. Cât de prezentă era încă emoția asta în mine! Te-ai apropiat și ți-am simțit respirația caldă. Și parfumul. Pe care îl recunoșteam dintr-o mie. M-ai mângâiat pe păr și m-ai sărutat pe frunte. Iar eu m-am topit toată în timp ce te-am auzit șoptindu-mi la ureche:

M-am întors să te iubesc ca în prima zi!
Și, de data asta, rămân pentru totdeauna!

Când o femeie merge înainte,
A mers de multe ori și înapoi
Ea a iertat și a rostit cuvinte
De multe ori pentru amândoi.

Când o femeie chiar iubește,
Nimic nu poate sta în calea sa
În jurul său ziduri construiește
Ce nimeni în veci nu le-ar putea dărâma.

Mai devreme sau mai târziu,
orice om se întoarce acasă.
În inima lui.

13

N-ai să fii niciodată fericită!
striga tare în mine rațiunea.
Ba am să fiu cea mai
fericită! Pentru că merit!
răspundea ca din reflex
inima.

Iubirea învinge tot și se întoarce acasă

„Și chiar dacă mi-aș împărți toată averea pentru hrana săracilor, chiar dacă mi-aș da trupul să fie ars și n-aș avea dragoste, nu-mi folosește la nimic.

Dragostea este îndelung răbdătoare, este plină de bunătate, dragostea nu pizmuiește, dragostea nu se laudă, nu se umflă de mândrie, nu se poartă necuviincios, nu caută folosul său, nu se mânie, nu se gândește la rău, nu se bucură de nelegiuire, ci se bucură de adevăr, acoperă totul, crede totul, nădăjduiește totul, suferă totul. Dragostea nu va pieri niciodată."

(Corinteni 13)

Din iubirea pe care o simţi pentru omul tău inventezi cuvinte, stări, emoţii. Pentru că toate câte există deja ţi se par prea puţine. Şi parcă nu-i încă un cuvânt atât de complex, încât să poată el cuprinde tot ce-i la tine în suflet.

Atunci când iubirea se întoarce acasă, acolo unde este locul ei, de fapt, simţi o bucurie de nedescris, pentru că după toată aşteptarea pe care ai trăit-o, dintr-odată, se face linişte şi frumos. Când îţi ţii în braţe omul iubit, după ce o perioadă l-ai ţinut doar în vise, nu te mai saturi să-l priveşti şi să-l admiri. Ţi-e drag la el tot. Şi parcă vrei să nu scapi nimic, niciun gest de-al lui. Ca şi cum ai vrea să recuperezi tot timpul în care el ţi-a fost doar în suflet.

Îi priveam ochii şi mă vedeam prin ei. Iar el se uita îndrăgostit prin mine. Conexiunea pe care o simt doi oameni care se iubesc este mai presus de cuvinte. Ei par că se înţeleg doar din felul în care respiră. Şi par că respiră la fel. Totul se aliniază, totul devine echilibru. Aşa eram noi amândoi după ce viaţa ne-a adus din nou împreună.

În braţele lui m-am simţit întotdeauna protejată. Şi nu ştiu să mă fi simţit în alt loc mai în siguranţă decât aici. Poate doar în lunile în care mama m-a purtat în pântecul ei, dar de perioada aia îmi era imposibil să-mi imaginez. Mângâierea lui reuşea să-mi topească toate simţurile şi să mă facă să mă simt femeie. Femeia lui. Am visat atât de mult la momentul ăsta, încât acum voiam să-l trăiesc din plin, să-l respir pe tot şi să-mi rămână în mine pentru totdeauna. Dar acum nu mai era nevoie să adun nimic ca să-mi rămână pentru mai târziu, aşa cum am învăţat că iubirea nu-i nevoie să o prinzi într-un pumn ca să-ţi ajungă. Pentru că ea este oricum în jurul tău mereu. Aşa era acum cu el. Avea să rămână şi să mă înconjoare pentru totdeauna cu braţele lui de bărbat puternic.

Când eram mică şi mă gândeam la cum o să fie soţul meu, bărbatul pe care o să-l am toată viaţa lângă mine, mi se făcea frică şi în gând îmi apărea mereu o întrebare:

Cum o să știu că el este bărbatul vieții mele?

Numai cât auzeam întrebarea asta răsunând în mine mi se făcea frică tare să nu greşesc. Să nu aleg prost. Să nu mă răzgândesc pe drum. Ce nu ştiam însă atunci era că iubirea nu poţi nici s-o planifici, nici s-o organizezi şi nici să o transpui în raţional. Poţi doar să o simţi cu toată inima.

Cum am ştiut că el este bărbatul vieţii mele? Simplu! N-am mai ştiut. N-am vrut să mai ştiu nimic în iubirea asta, ci doar m-am aruncat în ea.

Pur şi simplu. Şi am lăsat-o să mă înveţe tot ce ea a crezut că merit să îmi ofere.

Cum am simţit că el este bărbatul vieţii mele? Din primul moment în care m-a privit în ochi, iubirea lui mi-a coborât direct în suflet. Şi n-a mai plecat. De ce? Pentru că acolo era acasă.

Oricât am încercat să-mi imaginez iubirea ideală şi indiferent de cum am crezut eu că este ea, de fapt, realitatea pe care acum o trăiam era mai mult decât aş fi putut să îndrăznesc să cer. N-am crezut că sunt în stare să iubesc mai presus de mine fără să mă exclud pe mine şi iubirea pe care o simt pentru mine.

N-am crezut că atunci când iubeşti cu adevărat, nici măcar un gând urât nu poţi avea pentru omul tău drag. Pentru că nu rămâne loc de urât în cât frumos este în tine.

N-am crezut că pot privi un om doar cu admiraţie şi ochii mei îl pot vedea cel mai frumos bărbat din lumea asta. Fără să mă mint şi fără să mă îndoiesc o clipă de asta.

N-am crezut că pot fi în stare să simt că mi-aş da bucăţi din suflet dacă asta lui i-ar face bine.

N-am crezut că şi atunci când m-am văzut urâtă, în mine era ceva frumos. Iubirea pentru el.

N-am crezut că un om îţi poate deveni parte din tine.

N-am crezut nimic până să-l iubesc pe el.

El însă mi-a dat toată lumea peste cap și m-a făcut să-mi construiesc un adevăr în care eu să fiu fericită cu el de mână. Atât.

El mi-a demonstrat că oricâte bariere şi obstacole ar exista între doi oameni care se iubesc, toate pălesc în faţa iubirii.

El mi-a arătat că şi un bărbat iubeşte. Nu doar o femeie. Pentru că amândoi au o inimă care e construită la fel, din acelaşi material. Din emoţii şi din sentimente.

Tot el m-a învăţat că pentru o iubire frumoasă nu-i nevoie decât de el şi de mine. Şi că noi, dacă ne avem unul pe altul, împreună putem construi orice.

De la el am învăţat despre încrederea în oameni. Şi, cel mai mult, despre încrederea în mine şi în el. În noi amândoi.

El mi-a arătat ce înseamnă un bărbat masculin, doar ca să mă înveţe pe mine să devin feminină.

El a fost singurul om care a crezut în mine atunci când nici măcar eu nu mai credeam.

El nu s-a îndoit niciodată de mine şi de ce pot deveni. Şi nici de ce poate deveni el cu mine alături.

El mi-a demonstrat că un bărbat îţi poate câştiga toate războaiele din suflet atunci când tu eşti pregătită să sărbătoreşti la braţul lui victoriile.

El a făcut ca toate visurile mele să prindă contur atunci când m-a luat de mână şi mi-a zis că nimic nu e imposibil şi că o să reuşesc. Mi-a conturat pe foaie, în câteva scheme simple şi paşi de lucru, tot ce mie mi se părea de-a dreptul imposibil.

El a putut, eu m-am retras.
El a gândit, eu am simțit.
El a iubit, eu l-am dorit.
El a decis, eu l-am ales.
El a luptat, eu am avut răbdare.
El a fost foc, eu am fost apă.
El a țipat, eu am șoptit.
El a plecat, eu am rămas.
El s-a întors, eu l-am așteptat.
Și el, și eu ne-am devenit întreg.

Acum mă iubeam cu adevărat pe mine şi îl iubeam pe el ca pe mine însămi.

El, partea mea frumoasă şi bună. El, cel mai frumos prezent al vieţii mele. Pentru că atunci când este iubire adevărată între doi oameni, ea nu se transformă niciodată în trecut, ci rămâne vie, aici şi acum, indiferent de timp.

Timpul nu are putere să se aştearnă peste o iubire care arde. Pentru că se face scrum şi iubirea rămâne mai presus de el. Nimic nu poate sta în calea iubirii. Ea este forţa care transformă chiar şi ce credeam că nu poate fi transformat – o inimă împietrită sau un suflet gol.

Într-o iubire adevărată, nu bărbatul munceşte mai mult şi nici femeia.

În iubire, nu este despre muncă sau efort. Este doar despre răbdare şi cunoaştere.

Atunci când iubeşti, ai tot timpul din lume să-l descoperi pe omul din faţa ta. Şi chiar şi atunci când crezi că ai aflat totul despre el, te mai surprinde cu ceva ce îţi face inima să tresară. De emoţie.

Într-o iubire necondiţionată, amândoi au încredere să îşi lase spaţiu şi libertate în care fiecare să se dezvolte în propriul lui ritm. Şi atunci când unul rămâne în urmă, cel care este cu un pas înainte îi întinde mâna şi îl aduce lângă el pentru a continua călătoria împreună.

Într-o iubire adevărată, nu ţi-e niciodată frică, pentru că n-ai nici timp şi nici chef de ea. Mai mult decât atât, amândoi ştiu cât valorează şi separat, şi împreună. Atunci când aduci două comori una lângă alta, ele se scot reciproc în evidenţă. Însă dacă pui o comoară lângă o ladă cu gunoi? Îţi este mult mai evident cine este gunoiul şi cine este comoara.

De asta iubirea are mereu grijă să aducă la un loc oamenii care se potrivesc. Nu poţi atrage pe cineva care nu-i ca tine. Şi nici nu-l poţi păstra pe termen lung. Pentru că nu ştii cum.

Iubirea adevărată vindecă tot ce-i bolnav.

Iubirea are puteri magice. Ea scoate din oameni tot ce au ei mai bun de oferit şi îi ajută să ajungă acolo unde este locul lor, cu oamenii alături de care pot creşte frumos şi lângă care pot construi imperii de fericire.

Iubirea adevărată este matură şi devine tot mai puternică odată cu trecerea timpului.

Ea nu îşi pierde din strălucire, ba, dimpotrivă, îmbracă haine din ce în ce mai rafinate.

Nu cunoaşte plictiseala şi nici obişnuinţa, pentru că ea se reinventează.

De iubirea adevărată n-ai niciodată cum să te saturi, aşa cum este imposibil să te saturi de viaţă.

Iubirea adevărată îţi creează dependenţă şi o vrei în fiecare zi în viaţa ta. Iar pentru asta înveţi să fii tu primul care iubeşte mai mult. Eşti tu cel care dă tonul şi nu aştepţi să o facă celălalt.

Iubirea se învaţă şi, în acelaşi timp, învaţă. Pe toţi din jurul ei care au inima deschisă şi sunt pregătiţi să o primească în viaţa lor.

Iubirea este însăşi inspiraţie şi inspiră. Pe toţi cei care o venerează şi o fac muză.

Iubirea este creaţie.

Iubirea devine povestea ideală a tuturor celor care se iubesc şi se caută unul pe altul în lumea asta mare.

Iubirea este dorinţă şi mister.

Iubirea este scop suprem şi esenţă.

– **Ce îţi doreşti cel mai mult?** m-a întrebat în timp ce mă ţinea în braţe.

– Să mă iubeşti mereu ca-n prima zi! Şi ochii tăi să mă vadă mereu cum m-au văzut atunci în ziua în care ne-am întâlnit pentru prima dată. Atât de întâmplător prin viaţă! Să-mi săruţi buzele şi toată să fiu plină de tine, încât niciodată să nu mai fie loc de nimeni. Să mă ţii de mână şi să nu-mi mai dai niciodată drumul. Să le ducem împreună pe toate şi să construim imperii de iubire. Şi de frumos. Să rămâi mereu bărbatul bun care ştiu că eşti.

– Îți promit, iubita mea! Pe toate câte mi le ceri, pe toate astea eu ți le așez la picioare.

– Nu-i acolo locul lor. Nu vreau să mai fie nimic pe jos. Nici viaţa, nici promisiunile şi nici măcar amintirile. Acum, că ai venit şi eşti aici, tot ce vreau este doar să mă ţii de mână şi să rămâi. Dacă te am pe tine, nu-mi mai trebuie nimic. Orice bogăţie din lumea asta îşi pierde valoarea în faţa ta.

– Nu mai plec niciodată. De data asta, rămân. Şi vreau să te fac cea mai fericită femeie din lume, pentru că tu eşti femeia mea. Eşti conectată la subconştientul meu, tu mă iubeşti cel mai mult şi nimeni n-a făcut-o vreodată aşa cum ai reuşit tu. Şi simt că nici o alta n-ar mai putea-o face. Pentru că tu eşti unică. Vrei să fii soţia mea?

După ce am rămas preţ de câteva secunde tăcută, am reuşit să scot din mine cel mai hotărât DA pe care credeam că-s capabilă să-l rostesc. Nu îmi venea să cred că el, bărbatul meu iubit, era acum în faţa mea şi îmi cerea să îi fiu soţie. Şi că a venit ziua aia pe care eu mi-am construit-o atâţia ani în suflet.

– Ahhhhh! Daaaaaa! am răspuns şi cu inima, şi cu mintea. Şi îţi mulţumesc pentru că, dintre toate femeile din lume, tu ai ales să mă iubeşti pe mine.

Mi-a aşezat inelul pe deget şi s-a cuibărit în suflet pentru totdeauna. Iar eu m-am aşezat la el în braţe. I-am privit ochii albaştri şi i-am şoptit cu lacrimi în ochi:

– Bărbatul meu curajos, pe tine o să te iubesc, o să te preţuiesc, o să te respect, o să te admir şi o să te susţin în tot şi în toate ca pe mine însămi. Şi acum am învăţat să o fac!

– Ştiu asta! mi-a răspuns privindu-mă mândru în ochi.

Cuvintele mele aveau acum valoare, pentru că în fiecare promisiune rostită era câte o bucată din mine, câte o parte din viaţa mea câştigată cu multă muncă. Acum cuvintele mele valorau cât faptele şi mă făceau să fiu în ochii lui o femeie cu adevărat preţioasă. Şi nu doar în ochii lui eram acum aşa. Ci şi în ai mei. Acum ştiam cine sunt, ce merit şi ce vreau.

Am devenit exact femeia pe care mi-am construit-o în minte în timp ce plângeam căzută pe podeaua rece. A durat patru ani să mă transform într-o piatră de rubin şi ştiam că procesul era abia la început. Însă merita din plin această călătorie în care mă aveam pe mine şi pe el de mână alături.

A venit vremea în care eram suficient de bună şi de pregătită să trăiesc tot ce viaţa avea mai frumos să îmi ofere. Iar sufletul îmi era inundat de iubire nemărginită pentru bărbatul meu, cel pe care l-am construit în mintea mea în urmă cu mai bine de opt ani pe o agendă plină cu obiective. Atunci visam cu ochii deschişi şi îi treceam calităţile cu liniuţă de la capăt. Acum calităţile lui erau deja în mine. Şi calităţile mele erau deja în el.

Unei iubiri adevărate nu-i trebuie nici repere de timp, nici unităţi de măsură şi nici martori care să garanteze pentru ea. Iubirea este sau nu. Iubirea pleacă sau rămâne. Dar întotdeauna iubirea uneşte.

Unei iubiri adevărate nu-i poţi pune lacăte, lanţuri sau bariere, pentru că iubirea este însăşi libertate. Poţi încerca să o înşeli, să o amăgeşti sau să o minţi, împachetând formalul vieţii cotidiene în lecţii care s-o ţină pe loc. Dar, mai devreme sau mai târziu, iubirea se eliberează şi se întoarce acasă acolo unde este locul ei – în inima femeii care îşi iubeşte bărbatul mai presus de ea însăşi şi în inima bărbatului care îşi iubeşte femeia mai presus de el însuşi.

Iubirea nu stă pe loc decât în inimile în care se simte dorită şi aşteptată. Iubirea rămâne doar acolo unde este preţuită şi unde ea străluceşte ca o piatră preţioasă. Iubirea este comoara pe care o descoperi în tine atunci când îl iubeşti pe omul tău drag necondiţionat.

Iubirea te învaţă să devii tot ce odată îţi imaginai că poţi fi.

Iubirea e EA la sfârşit doar ca să îl lase pe EL să îi fie începutul.

Ştii, iubitule, abia aştept să îţi port numele! i-am şoptit emoţionată în timp ce stăteam în locul meu preferat. La el în braţe.

Mă simt atât de onorat. Dă-mi mâna și las-o în mâna mea. De azi, eu o să te iubesc ca în prima zi!

Am așteptat să scoți o mână
Și să m-apuci de mâna mea
Simțeam inelul cum se joacă,
Iubeam numele ce-l voi purta.

Cum să îi ceri tu inimii tale de femeie să devină ca inima lui de bărbat și să bată palma scurt la o bere într-o înțelegere pe care tu ți-ai imaginat-o altfel?

Un cuvânt la final

Dacă această carte este acum în mâinile tale şi i-ai răsfoit paginile, înseamnă că tu ai chemat-o la tine în cel mai potrivit moment al vieţii tale. Cartea ajunge numai în sufletul omului care-i gata s-o primească şi aduce, odată cu ea, cu fiecare rând scris, iubirea.

Acum că ai ajuns la finalul acestei cărţi, vreau să te rog să te opreşti puţin şi să-ţi îndrepţi atenţia şi către propria ta viaţă. Închide ochii şi pătrunde cu gândul în inima ta. Coboară adânc în ea şi observă ce se află în acest moment acolo. Ce vezi? Ce auzi? Cine este înăuntru? Cine lipseşte, dar ţi-ai dori mult să fie?

Din inima ta, acolo unde pentru tine este acasă, răspunde-ţi sincer:

Tu te iubeşti şi pe tine?

Dacă simţi iubire pentru sine deja, ce mai poţi adăuga, în aşa fel încât să simţi că te iubeşti cu adevărat?

Dacă simţi că nu te iubeşti şi nici nu ştii cum să faci asta, cu ce crezi că ar trebui să începi? Ce te-ar ajuta să te apropii mai mult de tine şi să începi să te iubeşti?

Şi tot din inima ta, priveşte acum şi către omul pe care îl iubeşti cel mai mult. Dacă el se află în viaţa ta, declară-i mai mult iubirea ta prin gesturi, cuvinte şi emoţii. Nu mai lăsa orgolii şi nici timp să se aşeze între voi. Dacă ai în acest moment un om drag lângă tine, preţuieşte-l şi împlineşte-te pe tine prin el. Iartă, mergi înainte şi fă tu primul pas. În iubirea adevărată, nu-s reguli sau semne de circulaţie. Nimeni nu cedează prioritate nimănui şi nici nu aşteaptă la stop.

Dacă însă iubeşti cu tot sufletul şi omul tău nu-i încă lângă tine, pentru că viaţa a avut alte planuri şi aşa a considerat ea că este mai bine pentru voi în acest moment, nu te descuraja. Încrede-te în iubire şi fă în dreptul tău tot ce ţine de tine pentru iubirea ta. Şi dacă tu crezi în inima ta că acela este omul tău drag, toată lumea să se alinieze şi să nu creadă în voi, e de ajuns să credeţi doar voi doi. Pentru că iubirea înseamnă doar doi.

Dacă iubeşti şi ţi-e greu să mergi către omul pe care îl iubeşti, dacă nu-ţi găseşti cuvintele potrivite şi nu ştii cum să o faci pentru că nu te-a învăţat nimeni despre iubire, fă o poză cu mesajele din josul acestei pagini şi trimite-i imaginea pur şi simplu. În iubire, nu-i nevoie de fiecare dată de prea multe cuvinte. Este, însă, nevoie de cuvântul potrivit la momentul potrivit. Şi cel mai potrivit moment este întotdeauna momentul prezent.

Mi-e dor de tine!
Te iubesc!

În fiecare zi a vieţii tale, nu uita să îţi aduci aminte şi de inima ta şi să te întorci către ea de fiecare dată când ai nevoie de un sfat sau de un răspuns. Inima ta este ca o bibliotecă. Trebuie doar să răsfoieşti cartea potrivită şi să extragi de acolo ce ţi se potriveşte.

Inima ta nu o să te dezamăgească niciodată şi nici nu o să greşească vreodată. Tu, însă, s-ar putea să o mai faci! Iartă-te, iubeşte-te, preţuieşte-te şi începe cu tine mai întâi ca să poţi avea grijă de toţi care îţi sunt dragi.

Bucură-te de iubire şi de viaţă exact cu cât ai în prezent, dar ţine-ţi ochii îndreptaţi mereu către vremuri mai bune. Şi fruntea sus!

Dacă eşti fericit cu NIMIC, poţi fi fericit şi cu TOTUL!

Nu tot timpul MULT înseamnă chiar mult.

Uneori puţin poate să însemne mult mai MULT.

Despre Monica

Dacă ar fi să mă descriu în câteva cuvinte, m-aş rezuma în a spune că iubesc frumosul, şi el mă iubeşte pe mine.

Când am creat „conceptul“ de femeie cochetă, nu m-am gândit să promovez un anumit tipar feminin şi nici să impun modele de copiat, ci doar sa ajut pe fiecare femeie în parte să-și descopere modul unic de a fi și de a arăta.

Rolul meu pe femeiacocheta.ro este doar să-ți amintesc de tine!

Și, pentru început, îți spun doar atât:

„Nu mai lăsa să treacă nicio zi fără să te pui pe primul loc!"

Iar rolul tău este:

SĂ ÎNCEPI CU TINE, DE AZI, DE ACUM !

Dacă ai un mesaj pentru mine, îmi poți trimite email pe:

contact.femeiacocheta@gmail.com

Facebook personal: https://www.facebook.com/mihai.monica.39

Facebook pagina: https://www.facebook.com/Femeiacochetaro

Facebook autor: https://web.facebook.com/monicamihaiautor/

Întoarce-te la tine când nu mai știi cine ești

Unele femei simt nevoia să se reinventeze. Își dau seama că s-au pierdut și nu pot găsi drumul înapoi către sine. Pare că nu mai are sens nimic. Dar Monica Mihai te ajută să regăsești sensul, să afli cine ești cu adevărat, să te pui pe primul loc în viața ta, să te ridici după fiecare piedică pe care o întâlnești în viață. Cu capul sus, cu demnitate, cu iubire necondiționată pentru sine.

„Întoarce-te la tine când nu mai știi cine ești" este o călăuză pentru sufletul tău pierdut, un ghid inclus în categoria de cărți pentru dezvoltare personală și motivaționale, dar mult mai mult de atât. Trebuie să citești pentru a-ți da seama de ce ești cu adevărat în stare și ce forță se ascunde în sufletul tău.

„Trebuie să fiu bine! Nu am altă variantă! Nu există altă variantă! Eu trebuie să fiu bine! mi-am strigat tare, în același suflet de femeie, căzut pe jos și spart în mii de bucățele.

Sunt mai mult decât atât! completă vocea mea interioară de femeie care refuza să se oprească acolo în rol de victimă. Acum nu este decât un moment! Și asta va trece! Important este cum îl fac eu să treacă și, mai mult decât atât, ce am să fac eu după ce el va trece! Ce învăț despre mine, ce rămâne până la urmă din toate astea? Vreau să fiu fericită și asta depinde numai de mine!

M-am ridicat apoi de jos, mai puternică decât niciodată până atunci, și am mers mai departe în viața mea frumoasă.“

Cuprins

BOOKZONE